조선의 내일을 꿈꾸다

갑신정변 그리고 김옥균

*이 책에 표기된 날짜는 양력을 기준으로 했습니다.

갑신정변 그리고 김옥균
조선의 내일을 꿈꾸다

남석기 글 | 윤종태 그림
초판 1쇄 발행일 2025년 10월 20일

펴낸이 김진호 **펴낸곳** 반올림
출판등록 제2013-000009호 **등록일** 2013년 6월 10일
주소 서울시 강북구 숭인로 39 203동 1002호
전화 (02)6221-6156 **팩스** (02)984-6157 **이메일** banolim_@hanmail.net

남석기 ⓒ 2025
이 책에 실린 글과 그림은 무단 전재 및 무단 복제할 수 없습니다.
KC마크는 이 제품이 공통안전기준에 적합하였음을 의미합니다.
ISBN 979-11-986253-0-4 73910

조선의 내일을 꿈꾸다

갑신정변 그리고 김옥균

남석기 글 윤종태 그림

반올림

차례

어떤 선택	… 8
망명객과 유학생	… 15
암살	… 22
발톱을 숨긴 일본	… 29
책략인가 계략인가	… 36
군인들의 반란	… 43
황후의 귀환	… 51

정변의 서막	⋯ 58
때는 왔다	⋯ 65
불기둥	⋯ 72
통명전 폭파	⋯ 78
새로운 내각	⋯ 85
삼일천하	⋯ 91
갑신정변 그 뒷이야기	⋯ 97

작가의 말

갑신정변이 일어나던 조선 후기는 나라 안팎이 몹시 혼란스러웠어. 제국주의 세력이 아시아까지 팽창하던 때라 조선은 서구 열강의 위협에 정면으로 맞닥뜨려야 했어.

동아시아의 국제 정세도 크게 변했어. 중국인 청나라가 기울고 일본이 신흥 강국으로 떠올랐어. 서양 문물을 적극적으로 받아들이며 개방·개혁 정책을 펼친 일본은 강성해진 힘을 바탕으로 대륙에 진출하겠다는 제국주의 야욕을 불태우고 있었어. 그 길목에 조선이 있었어. 조선은 한마디로 바람 앞의 등불처럼 위태로운 신세였고 이를 극복하려면 국제 질서를 바르게 파악하고 대처하는 외교 역량과 내부 개혁 그리고 백성의 단합이 절실했어.

그러나 당시 조선은 왕후 민씨와 민씨 척족 세력의 부정부패가 극심했고 정치 싸움도 끊이지 않았어. 서구 열강이 몰려오니 나라의 문을 잠그고 조선의 옛 전통인 유교적 가르침에 따라야 한다는 의견과 문호를 개방하고 우리도 서구 문물을 받아들이고 개혁 정치를 펴야 한다는 의견으로 나뉘었어. 어떤 선택이 조선에 득이 되는지, 독이 되는지 정확히 알지 못한 채 서로 다투었지.

개화 과정에서 신식 군대인 별기군이 창설되었어. 그들은 특별한 대우를 받았고 가뜩이나 열악한 환경에서 일하는 구식 군인들은 불만이 컸어. 분노한 구식 군인들은 난을 일으켰어. 정권을 쥔 왕후 민씨와 민씨 일파는 청나라군을 끌어들였어. 구식 군인들의 난은 진압했지만 청나라군을 끌어들인 대가는 혹독했어. 청나라가 노골적으로 내정 간섭을 시작했던 거지.

갑신정변은 청나라의 지배에서 벗어나 자주독립하고 개혁·개방 정책으로 조선을 발전시키자는 젊은 정치인들의 꿈에서 시작되었어. 조선의 낡은 정치 체제와 부패한 정권으로는 위기 극복이 어렵겠다고 생각한 젊은 정치인 김옥균 등은 군사 쿠데타를 선택했어. 그러나 외세(청나라)를 극복하기 위해 그들 역시 외세(일본)를 끌어들인 점, 일본의 야욕을 헤아리지 못한 채 그들에게 지나치게 의지한 점, 그리고 무엇보다 백성의 지지를 받지 못해 삼일천하로 막을 내렸어.

우리는 살면서 수많은 선택을 해야 해. 옷은 무엇을 입을까, 엄마 심부름을 먼저 할까, 친구들과 연락을 먼저 할까 등 사소한 것에서 인생 전반에 영향을 미치는 중요한 것까지. 선택의 문제는 나이가 들수록 어렵고 복잡해져. 그래서 선택의 순간이 매우 중요해. 한 사람의 개인도 이런데 국가라면 더욱 중요하겠지. 지도자의 선택에 따라 국민 전체의 생존이 좌우되니까 말이야.

이 책에도 수많은 '선택'이 있어. 김옥균의 선택, 윤혁로와 지운영, 홍종우의 선택 등. 김옥균의 삶을 따라가며 당시 조선의 상황을 살펴보자. 고비의 순간, 이때 나라면 어떤 선택을 했을까 생각해 보자. 올바른 선택을 위해 필요한 것이 무엇인지도 함께 생각하면서 읽는다면 책이 더욱 재미있어질 거야.

너의 선택을 응원하며
남석기

어떤 선택

하루아침에 모든 게 바뀌었어. 기대를 모으던 젊은 관리가 대역 죄인이 되었거든. 그게 누구냐고? 김옥균을 두고 하는 말이야. 얼굴이 희고 고와서 '구슬 옥(玉)' 자에 '고를 균(均)' 자를 써 '옥균'이라고 이름 지었다고 해.

김옥균은 아주 영리하고 똑똑했어. 스물두 살의 젊은 나이에 장원 급제했거든. 그 뒤 사헌부 감찰과 홍문관 교리가 되었어. 사헌부 감찰은 관리들이 나쁜 짓을 하지 못하도록 감독하는 관직이야. 홍문관 교리는 나라의 중요한 일을 왕과 의논하는 관직이지. 둘 다 어지간한 사람은 맡기 힘든 중요한 자리였어.

| 김옥균

이런 자리를 두루 거칠 정도로 김옥균은 촉망받던 조선의 엘리트 청년이었어. 그랬던 그가 대역죄인이 된 거야.

도대체 왜, 무슨 일이 있었던 것일까?

고종이 다스리던 시기의 조선은 나라 상황이 매우 불안했어. 안으로는 중전이었던 명성황후 민씨와 그 덕에 권력을 차지한 민씨 인척들(이들을 민씨 척족 세력이라고 부름)의 부정부패가 심했어. 밖으로는 서양의 제국주의 국가들이 군함을 앞세우고 나타나 통상을 요구하는 바람에 나라가 무척이나 혼란스러웠어.

통상이란 외국과 물건을 사고팔며 교류하는 것을 말해. 통상을 하면 새로운 문물을 받아들일 수 있다는 이점이 있어. 하지만 낯선 풍습과 문화도 함께 전해지기 때문에 사회 전반에 미치는 영향이 아주 커. 또 외국 자본에 시장을 빼앗길 수 있어서 자칫 잘못하면 경제 식민지가 될 수도 있어. 그래서 외국과 통상 조약을 맺을 때에는 손해 보는 것은 없는지 사회에 미치는 영향은 어떠한지 깊이 생각하고 조심히 접근해야 해. 미국과 프랑스가 통상을 요구할 때 조선 조정 대신들의 의견이 분분했던 것도 그 때문이야.

조정 대신들의 의견은 크게 둘로 나뉘었어.

하나는 '통상을 하면 천박한 서양 풍습이 함께 들어오니 나라가 어지러워질 것이며 서양의 물건과 돈에 나라의 경제가 위태로울 것

이다. 그러니 서양과의 통상은 절대로 안 되는 일이다.'

또 다른 하나는 '조선이 개화하고 발전하려면 서양의 앞선 문물을 받아들여야 한다. 그러니 서양과 통상하고 교류해야 한다.'

통상을 하면 안 된다고 주장하는 대신들을 '**위정척사파**'라고 불러. 위정은 바른 도리라는 뜻으로 유교적 전통을 가리키는 말이야. 척사는 사악한 것을 배척한다는 뜻으로 서양 문화를 사악한 것으로 봤어. 한마디로 서양 문화를 배척하고 유교 전통을 지키자는 사람들이라는 뜻이야.

반면에 외국과의 통상을 주장하는 대신들은 '**개화파**'라고 불러. 개화는 열리고 변화한다는 뜻으로 서양 문화를 받아들인다는 뜻이야. 개화파는 나중에 다시 둘로 나뉘어. 천천히 개화하자는 '온건 개화파'와 하루빨리 개화하자는 '급진 개화파'로 말이지.

김옥균도 처음에는 천천히 개화하자는 온건 개화사상을 갖고 있었어. 그러다 급진 개화로 생각이 바뀌었는데, 그것은 당시 조정의 실권을 장악한 명성황후 민씨와 민씨의 척족 세력 때문이었어. 청나라와 가까운 그들은 개화에 매우 소극적이었어. 그런 상황이라 일본과 같은 과감한 개화 정책만이 조선을 근대화하고 발전시킬 수 있다고 생각한 거야.

김옥균은 자신과 뜻이 같은 개화파 대신들을 모았어. 그리고 마침내 정변을 일으켜 조정의 실권을 차지했어. 이게 바로 '**갑신정변**'

이야. 1884년, 갑신년에 일어난 정치 변란이란 뜻이지.

조정의 실권을 손에 넣은 김옥균과 개화파 대신들은 과감한 개혁 정책을 펼쳤어. 개화파 사람들을 관리로 앉히고 나라 정책을 새롭게 운영하겠다는 정강도 발표했어. 그러나 급진 개화파 정권은 오래가지 못했어. 명성황후 민씨와 그 척족 세력이 개화파 정권을 몰아내고자 청나라 군대를 끌어들였기 때문이야.

총칼로 무장한 수백 명의 청나라 군인들이 궁궐로 몰려들자 개화파 대신들은 황급히 몸을 피해야만 했어. 김옥균 역시 궁궐을 빠져나간 뒤 제물포로 숨었고 나중에는 일본 공사의 도움을 받아 일본으로 도피했어. 잡히면 대역죄인으로 몰려 죽임을 당할 게 뻔하니 김옥균으로서는 어쩔 수 없는 선택이었어.

혹시라도 자객이 올까 싶어 이름을 이와타 슈사쿠로 바꾸고 신분을 감추었어.

김옥균이 일본에 망명한 지 일곱 달이 되던 1885년 6월, 혹시나 했던 걱정이 현실로 나타났어. 장은규라는 사람이 일본으로 건너왔어. 누구일까 알아보니 명성황후 민씨의 친척뻘 되는 사람이었어. 장은규의 정체를 확인한 유혁로가 김옥균을 재촉했어. 유혁로는 오위장

오위장 조선 시대의 중앙군은 다섯 개의 위로 나뉘어져 있었다. 오위는 나라의 수도와 왕실을 호위하고 방어했다. 오위장은 각 위를 이끌고 지휘하던 관직이다.

으로 군사를 이끌고 갑신정변에 참여했던 인물이야. 그 역시 김옥균과 함께 일본으로 몸을 피한 신세였어.

"아무래도 수상합니다. 어서 몸을 피합시다!"

유혁로의 말에 따라 김옥균은 몸을 숨겼어. 짐작대로 장은규는 명성황후 민씨가 보낸 자객이었어. 조심성 많은 유혁로 덕분에 김옥균은 목숨을 구할 수 있었어.

이듬해인 1886년 5월, 이번에는 지운영이라는 사람이 일본에 나타났어. 그는 김옥균이 머무는 곳을 수소문하여 찾아낸 뒤, 대범하게도 한 통의 편지를 보냈어.

> 조선의 관청에서 일하는 지운영입니다.
> 고균(김옥균의 호)을 한 번 뵙고자 하옵니다.

"대놓고 만나자는 것을 보니 자객은 아닌 모양입니다."

김옥균의 말에 유혁로가 대답했어.

"모르는 일입니다. 제가 이자의 뒤를 캐 보겠습니다."

유혁로는 일본 경찰의 도움을 받아 지운영의 뒤를 쫓았어. 그리고 마침내 도쿄의 한 여관에서 지운영과 마주쳤어. 유혁로를 알아

| 지운영

본 지운영이 먼저 말했어.

"언제까지 떠돌이 신세로 살 겁니까?"

"떠돌이 신세……!"

유혁로의 마음을 알아차린 걸까. 지운영은 빙긋 웃으며 품속의 종이를 꺼냈어. 종이에는 이런 글귀가 적혀 있었어.

> 이 사람은 왕의 명을 받아 바다 건너 도망친 역적을 체포한다. 이 사람의 일은 모두 나라를 위한 것이다.
> 조선의 백성이라면 마땅히 도우라.

종이 끝에는 왕의 도장인 옥새가 찍혀 있었어. 지운영은 김옥균을 잡는 데 협조한 사람에게 큰돈을 준다는 보증서도 보여 주었어.

"떠돌이 신세를 벗어나시오. 게다가 큰돈을 벌 수 있는 기회입니다. 나를 도와주시오."

유혁로는 생각이 깊어졌어. 자객인 지운영을 도울 것인가, 아니면 김옥균을 도울 것인가.

망명객과 유학생

"장소만 알려 주시오. 김옥균의 목숨은 내가 거두리다."

지운영은 허리춤에 찬 단검을 보여 주었어. 손잡이를 뽑자 짧고 예리한 칼날이 빛을 뿜었어. 유혁로는 눈살을 찡그리며 무겁게 입을 열었어.

"어찌 믿음과 신의를 저버릴 수 있겠소? 나는 못 하오."

"그대가 살 수 있는 마지막 기회요. 왕의 명을 따라 나를 도와주시오."

"옥균을 잡느니, 차라리 당신을 잡겠소!"

그 순간, 유혁로는 지운영을 향해 주먹을 날렸어. 갑작스러운 공격에 지운영은 비명을 지르며 나뒹굴었어. 유혁로를 돕던 일본 경찰이 달려들어 지운영을 체포했어.

신의를 지킨 유혁로 덕분에 김옥균은 이번에도 무사했어. 그러나 불안감은 커져만 갔어. 김옥균은 일본 외무대신에게 편지를 썼어.

> 망명객의 신변을 보호하는 것은 국제법이 정한 마땅한 일이오. 일본 정부는 어찌하여 망명객인 나의 신변을 모른 체한단 말이오!

일본 정부로서도 골치 아픈 일이었어. 여차하면 조선과 껄끄러운 외교 문제로 번질 수 있었거든.

결국 일본 정부는 지운영을 조선으로 돌려보내고 김옥균은 남태평양의 작은 섬 오가사와라 제도로 추방했어. 도쿄에서 1천 킬로미터나 떨어진 열대의 섬이었지. 무덥고 습한 그곳에서 김옥균은 거의 2년을 살았어. 이게 끝이 아니었어. 일본 정부는 김옥균을 다시 일본의 북쪽 끝인 홋카이도 지방으로 추방했어. 혹한의 추위 속에서 김옥균은 다시 3년의 시간을 견뎌야 했어.

오랜 객지 생활로 김옥균의 몸은 만신창이가 되었고 도쿄의 병원으로 옮겨진 뒤에야 비로소 자유의 몸이 되었어.

건강을 회복한 김옥균은 일본 관리를 찾아다녔어. 명성황후 민씨와 정치적으로 대립했던 흥선대원군에게도 밀서를 보냈어. 어떻게 해서든 조선으로 돌아가고 싶었던 거지.

그 무렵, 도쿄에 홍종우라는 사람이 나타났어. 갓을 쓰고 두루마기를 걸친 영락없는 조선 사람인데 일본말을 아주 잘했어. 그뿐이 아니야. 낯선 프랑스말도 어찌나 유창한지 마치 서양 사람인 듯했어. 게다가 서양 사람의 예의범절이 몸에 배어 있었어. 도대체 어떤 사람일까, 누구라도 호기심이 생길 만했어.

| 홍종우

"조선 사람 중 처음으로 프랑스 유학을 다녀왔다고 합니다."

"조정에서 언제 프랑스로 유학생을 보냈단 말이오?"

"조정에서 보낸 게 아니라 스스로 돈을 마련하여 다녀왔다고 합니다."

김옥균은 지인들과 홍종우에 대한 이야기를 나누었어.

당시 외국으로의 유학은 조정에서 보내는 것이 유일했어. 가까운 일본으로의 유학만 해도 신문물을 배워 오라는 고종의 명을 받아 나랏돈으로 떠나는 국비 유학생이 전부였어. 그런 때인데 멀고 먼 프랑스 유학을, 그것도 스스로 돈을 마련하여 다녀왔다니 놀라운 일이었어.

김옥균은 홍종우가 어떤 사람인지 궁금했어. 무슨 생각으로 프랑스에 갔는지, 그가 본 프랑스는 어떤 나라인지, 그곳에서 무엇을 보고 배웠는지 알고 싶었어.

　홍종우도 망명객이자 조선의 엘리트 청년인 김옥균을 모를 리 없었지. 자연스레 두 사람의 만남이 이뤄졌어. 궁금한 게 많았던 김옥균이 먼저 물었어.

　"어떻게 프랑스 유학을 하신 거요?"

　"처음에는 신문물을 배우러 일본에 왔습니다. 개화된 일본의 모습을 보자니 문득 이런 생각이 들었습니다. 일본에 영향을 준 유럽이라는 곳은 과연 어떤 곳일까?"

　홍종우는 실타래를 푸는 것처럼 계속 말을 이었어.

　"조선이 개화하려면 유럽을 배워야 합니다. 흔히 서구 열강이라고 부르지 않습니까. 그들의 정치, 사회 제도, 기술을 배워야 합니다. 하지만 그들이 감추고 있는 속셈 또한 잊지 말아야 합니다."

　"속셈이라면?"

　"서구 열강은 미개한 나라를 개화시킨다는 구실로 그 나라의 모든 것을 지배하려 합니다. 그러다 정치, 경제, 군사 지배권까지 모두 가로채지요. 이것이 제국주의입니다. 제국주의의 속셈을 헤아리지 못한 채 무턱대고 서구 열강을 받아들이면 식민지가 될 수 있습니다."

　홍종우는 조선도 서구 열강의 먹잇감이 될 수 있다고 경고했어.

그래서 개화를 하되 왕을 중심으로, 조선의 제도 안에서 이뤄야 한다고 목소리를 높였어.

김옥균은 홍종우의 식견에 감탄했어. 갑신정변을 일으킬 때만 해도 김옥균은 일본이 조선의 개화를 이끌어 줄 좋은 이웃이라고 생각했어. 그런데 망명하여 살다 보니 일본의 본모습을 알게 되었어. 일본 역시 힘으로 조선을 비롯한 동아시아를 지배하려는 욕심을 감추고 있었던 거야. 서구 제국주의 국가와 다르지 않았지.

"내가 일본에 의지한 것은 조선의 개화를 위함이었소. 그런데 이제는 어찌할 도리가 없소."

김옥균이 한탄하자 홍종우가 말했어.

"청나라 최고 실력자인 리훙장을 만나 보면 어떻겠습니까?"

"어떻게 그를 만날 수 있단 말이오?"

"마침 리훙장의 아들이 일본 대사로 왔습니다. 그를 통해 만남을 주선해 보리다."

얼마 후, 홍종우는 김옥균을 만나고 싶다는 리훙장의 편지를 받아 왔어. 김옥균은 마침내 기회가 왔다고 생각했어. 그러나 유혁로의 생각은 달랐어.

"정변 실패를 잊으셨습니까? 청나라 때문입니다."

김옥균을 돕는 일본 지인들의 생각도 유혁로와 같았어.

"리훙장을 만나러 청나라에 가다니요. 그건 호랑이 굴에 들어가

는 것과 같습니다. 이번에는 정말로 죽을 수 있습니다."

 김옥균은 생각에 잠겼어. 청나라로 가느냐, 아니면 계속 숨어서 사느냐.

암살

"호랑이를 잡으려면 호랑이 굴로 들어가야지요. 나는 속는 셈 치고 리훙장을 만나러 갑니다. 죽든 살든 모든 게 운명일 테지요!"

김옥균은 비장하게 말했어. 결심이 선 김옥균을 누구도 더 이상 말리지 못했어.

1894년 3월 11일, 김옥균은 일본인 수행원 기타하라 엔지와 청국인 통역관 오승을 데리고 고베로 향했어. 고베에서 홍종우를 만나기로 했거든. 그런데 기다리고 있을 거라 생각한 홍종우가 보이지 않았어. 무슨 일이 생겼나, 걱정하는데 홍종우가 달려왔어. 얼마나 바빠 왔는지 숨을 헐떡이며 말했어.

"죄송합니다. 뱃삯과 상하이에서 쓸 돈을 좀 마련해 오느라 늦었습니다."

"내가 괜한 걱정을 했군요."

김옥균은 홍종우의 손을 덥석 잡았어. 홍종우가 그렇게 고마울 수 없었어.

뚜웅!

뱃고동 소리가 울렸어. 일본 상선 사이쿄마루호가 물살을 가르며 나아가기 시작했어. 김옥균은 뱃머리에 올라 드넓은 바다를 바라보았어. 파도는 잔잔했고 찬란한 봄볕에 눈이 부셨어.

'조선을 쥐락펴락하는 리훙장을 드디어 만나는구나!'

김옥균은 리훙장을 만나 담판을 지으리라 다짐했어. 조선을 도와달라고 말이지. 조선의 개화는 곧 중국의 발전에도 도움이 된다고 설득할 셈이었어.

3월 27일, 김옥균 일행은 마침내 중국 상하이에 도착했어. 항구에 도착하니 윤치호가 마중 나왔어. 그는 김옥균도 잘 아는 개화파 사람이었어.

"어떻게 상하이까지 오셨습니까?"

"리훙장의 편지를 받았습니다. 여기까지 오는 데 이분의 도움이 컸습니다."

김옥균은 윤치호에게 홍종우를 소개했어. 둘은 가볍게 머리 숙이

상선 돈을 받고 사람이나 짐을 나르는 데에 쓰는 배. 여객선, 화물선, 화객선 따위가 있다.

며 눈인사를 했어.

윤치호가 김옥균을 따로 불렀어.

"저 사람, 믿을 수 있는 자입니까?

"프랑스 유학까지 다녀온 개화론자입니다. 믿을 수 있어요."

김옥균은 걱정하지 말라며 윤치호의 어깨를 가볍게 쳤어. 그러나 윤치호의 얼굴에는 불안이 가득했어.

김옥균 일행은 동화양행이라는 여관에 짐을 풀었어. 수행원 기타하라는 짐을 정리했고 통역관 오승은 곧장 밖으로 나갔어. 오랜만에 고국에 왔으니 바깥 풍경이 궁금했겠지. 그러는 사이 김옥균은 침대에 걸터앉아 책을 읽었어.

그렇게 얼마의 시간이 흘렀을까. 갑자기 우당탕 소리가 나면서 방문이 열렸어. 방 안으로 뛰어든 사람은 홍종우였어. 놀랍게도 그의 손에는 권총이 들려 있었어.

"갑자기 무슨 일이오?"

김옥균이 몸을 일으키는 순간, 홍종우의 권총이 불을 뿜었어.

"탕!"

총알이 김옥균의 어깨를 꿰뚫었어. 이어 또 다른 총알이 김옥균의 가슴에 박혔어. 김옥균은 홍종우를 노려보았고 홍종우는 그런 김옥균을 향해 무겁고 힘 있는 목소리로 외쳤어.

"갑신년 정변을 일으켜 죄 없는 사람들을 죽인 죄, 왕을 선동하여 나라를 혼란케 하고 고통에 빠뜨린 죄, 일본 군대를 이끌고 궁에 들어간 죄, 국제 관계에 해를 끼친 죄를 물어 그대를 처단하오!"

개화를 하되 왕을 중심으로 조선의 제도 안에서 이뤄야 한다고 주장하던 홍종우였어. 그런 그였기에 일본의 힘을 빌린 김옥균의 정변을 부정적으로 보았고 김옥균을 암살하고자 계획적으로 접근했던 거지.

김옥균의 입에서 마지막 숨이 터졌어.

'크헉.'

김옥균의 몸은 불덩이처럼 뜨거워졌어. 정신도 점점 흐려졌어. 파란만장한 그의 삶은 낯선 땅, 청나라에서 이렇게 끝이 났어. 개혁을 향한 그의 꿈과 노력도 그의 죽음과 함께 마침표를 찍었어.

| 운요호

그렇다면 갑신정변은 언제, 어디에서부터 시작된 걸까? 일본 군함 운요호가 강화도를 침범한 그때부터 시작된 것은 아닐까?

운요호 사건은 김옥균이 홍문관 교리로 일하던 1875년에 일어났어. 강화도 앞바다에 운요호가 나타나자 초지진을 지키던 조선군이 소리쳤어. 이양선은 썩 물러가라고 말이지. 당시에는 낯선 외국 배를 이양선이라고 불렀어. 그러나 운요호는 물러가지 않았어. 오히려 군인들이 보트를 타고 와 강화도에 상륙했어.

"아니, 저놈들이!"

"당장 포를 쏴라!"

초지진 조선 시대에 강화도에 있었던 중요한 군사 시설 중 하나. 대포 등을 설치해 외적의 침입을 막았다.

조선군은 섬에 상륙한 일본군을 향해 대포를 쐈어. 포탄이 터지자 그제야 일본군은 운요호로 돌아갔어. 그렇게 뱃머리를 돌리는 줄 알았는데 아니었어. 운요호는 기다렸다는 듯이 대포를 쐈어. 운요호가 쏜 근대식 대포에 초지진 성벽이 와르르 무너졌어. 그런 다음 운요호는 지금의 영종도인 영종진 앞바다로 내려갔어.

당시 영종진에는 조선군 4백 명이 주둔하고 있었어. 바닷가에는 30문의 대포까지 설치되어 있었지. 운요호의 일본군은 기껏해야 20여 명. 그들은 이번에 영종진을 공격했어. 조선군도 즉각 대포를 쏘며 맞섰어. 그렇지만 일본군을 이길 수 없었어. 근대식 대포와 소총으로 무장한 일본군의 공격을 막기에 조선의 무기는 소리만 요란한 구식이었던 거야.

일본군의 공격으로 조선군 30여 명이 목숨을 잃었어. 한순간에 포로가 된 사람만 해도 16명이나 되었어.

놀란 조선군은 뿔뿔이 흩어졌어. 조선군의 대포와 구식 총은 모두 일본군 차지가 되었어.

마을로 쳐들어간 일본군은 민가에 불을 지르고 재산을 약탈했어. 운요호가 머무는 열흘 동안 영종진은 쑥대밭이 되었어. 조선 조정은 발칵 뒤집혔어.

"병인양요를 겪은 뒤 성벽을 다시 쌓고 무기를 늘렸습니다. 그런데 이런 일이 벌어지다니요! 지휘관이 무능한 탓이옵니다. 영종진의 지휘관을 잡아다가 크게 벌하셔야 합니다."

좌의정 이최응이 분에 차 떨리는 목소리로 고종에게 아뢰었어. 우의정 김병국도 거들었어.

"전하, 이 기회에 국정을 바로잡고 규율을 엄히 세우셔야 합니다. 국정을 바로잡으려면 학문에 힘쓰셔야 합니다. 날마다 경연을 여십시오. 그리하면 나라의 폐단을 바로잡을 수 있을 것입니다. 외적을 막는 일도 제대로 될 것입니다."

실제로 고종실록에 기록된 내용이야. 외적을 막아야 하는데 학문에 힘쓰자고 하니 황당하지? 그만큼 당시 조정 대신들은 유교적인 생각에 사로잡혀 상황 파악을 제대로 하지 못했어.

물론 고종실록의 내용을 그대로 믿을 수는 없어. 고종실록은 고종이 죽은 뒤, 그러니까 일제 강점기 때 쓰였기 때문이야. 일본의 입김이 작용할 때이므로 기록의 신뢰성이 떨어진다는 얘기지.

어쨌든 운요호 사건으로 조선은 큰 변화를 맞게 돼. 그렇다면 일본이 운요호 사건을 일으킨 이유는 무엇일까?

병인양요 병인년인 1866년, 프랑스 함대가 강화도를 침략한 사건. 프랑스군은 외규장각에 보관되어 있던 의궤 등 많은 문화재를 약탈했다. 이 사건 이후 조선은 개화의 문을 더욱 굳게 걸어 잠갔다.

경연 고려·조선 시대에, 임금이 학문이나 기술을 강론·연마하고 더불어 신하들과 국정을 협의하던 일.

발톱을 숨긴 일본

삼국 시대 이전부터 일본은 한반도의 문화를 받아들이며 발전했어. 조선 시대에도 다르지 않았어. 일본은 조선에 통신사를 보내 달라고 간청했고 그때마다 조선은 통신사를 보내 발달한 학문과 기술, 예술 등을 전해 주었어.

그런데 일본이 서양과 교류하면서부터 사정이 달라졌어. 서양의 학문과 기술은 조선이나 청나라에서 전해진 것과는 차원이 다른, 말 그대로 신세계였어.

일본은 서양 문물을 적극적으로 받아들였고 서양의 기술을 배우고 익혔어. 그 결과 서양식 무기를 직접 만들 수 있을 만큼 큰 발전

통신사 조선이 일본에 보냈던 외교 사절단. 조선의 선진 문화를 일본에 전달하는 역할을 했다.

을 이루었어. 당장 만들 수 없는 군함 등은 서양에서 사들였어. 그중 하나가 운요호야. 일본은 나라를 서양식으로 근대화했고 마침내 서양 제국주의 국가와도 견줄 만한 강대국이 되었어. 일본은 여기에 만족하지 않았어.

"섬에서 벗어나 대륙으로 갑시다! 더 큰 일본 제국을 만듭시다!"

그러기 위해서는 대륙으로 향하는 길목, 즉 조선을 점령해야 했어. 임진왜란을 일으킨 도요토미 히데요시가 내세운 조선 정벌의 이유와 똑같은 것이었어.

일본은 조선 침략의 구실을 만들기 위해 일부러 운요호 사건을 일으켰어. 운요호를 이끌고 나타나 조선군의 공격을 유도한 뒤, 나중에 그 책임을 물리겠다는 교묘한 술책이었지.

사건은 일본이 계획한 대로 흘러갔어. 강화도 초지진에서 조선군이 먼저 공격했다며 조선에 배상을 요구했어. 터무니없는 일본의 배상 요구에 조선은 펄쩍 뛰었어.

"배상이라니! 그대들이 먼저 조선 영토를 침범하지 않았소?"

"우리는 조선의 해안선을 측량하고 있었습니다. 그러다 마실 물이 떨어져 섬에 오른 겁니다."

"그게 영토 침략이 아니고 무엇이란 말이오?"

"물을 구하러 섬에 오르는 것은 인도주의적 입장에서 국제법으로 보장하는 것입니다. 그런데도 조선이 먼저 대포로 공격하였으니 이

는 국제법을 어긴 것입니다."

당시 조선은 국제법이 있는 줄도 몰랐어. 그만큼 국제 정세에 어두웠어.

일본은 손해 배상과 함께 통상 조약을 맺자고 주장했어. 거절하면 조선의 수도인 한성을 불바다로 만들겠다고 으름장을 놓았어. 조정은 발칵 뒤집혔어.

"하국(아랫나라)이 상국(윗나라)에게 이래라저래라 하다니 무례하기 짝이 없습니다."

당시 조선은 중국을 상국으로, 일본은 하국으로 여겼어. 상하 관계를 확실히 나누고 이를 지키는 것이 유교의 도리라고 생각했어. 두 나라 사이에 문제가 생겨도 대화로 풀며 신의를 지켰어. 조약을 맺어 내용을 종이에 적고 도장을 찍거나 하지 않았던 거지.

"하국인 일본의 주장에 따를 수는 없는 일입니다."

그러나 눈앞의 현실을 바로 보자며 수교를 주장하는 대신들도 적지 않았어.

"어제의 일본이 아닙니다. 저들은 배 한 척으로 영종진을 쑥밭으로 만들었습니다. 수교하여 더 큰 피해를 막아야 합니다. 도성이 불바다가 되는 것을 정녕 보시렵니까?"

조정 대신들이 수교를 하느냐 마느냐로 실랑이하는 사이, 일본은 군함 세 척을 강화도 해안에 주둔시켰어. 그러고는 조약을 맺지 않으면 당장이라도 한성을 공격하겠다는 듯 대포를 쏘며 시위했어. 일본도 과거에 군함을 앞세운 미국의 협박에 못 이겨 개항했어. 자신들이 미국에게 당했던 수법을 그대로 조선에 써먹은 거지.

1876년 2월, 마침내 강화도에서 조선과 일본의 회담이 열렸어. 회담장에 나타난 일본 관리들은 모두 서양식 양복을 입고 있었어. 태도도 예전과 달랐어. 굽실거리며 예의를 갖추던 예전과 달리 몹시 거만했어. 신발을 신은 채 회담장에 들어오지 않나, 키득거리며 웃고 떠들지 않나, 한마디로 오만했어. 회담장 밖에는 무장한 일본군이 진을 쳤고, 군함에서는 잇따라 대포를 쏘아 댔어. 조선을 얕잡아 보며 일부러 험한 분위기를 만든 거지.

일본은 12개의 조항이 적힌 종이를 내밀었어. 그중 주요 내용은 이랬어.

제1조,
조선은 자주국으로 일본과 평등한 권리를 갖는다.

제4조·5조,
조선은 부산 이외에 두 항구를 개항하고 통상한다.

제7조,
조선은 일본이 조선의 해안 측량을 자유롭게 하도록 허락한다.

조항에 숨어 있는 일본의 속셈을 살펴볼까?

제1조, '조선은 자주국이다. 일본과 평등하다.'는 조항이 괜찮아 보이지? 그러나 사실 조선의 일에 청나라가 끼어드는 것을 막고자 이를 제1조에 넣은 거야. 조선을 청나라와 분리시킨 뒤 침략하겠다는 속셈을 담은 거지.

제4조와 5조에서 개항을 요구한 두 항구는 원산과 인천이야. 임진왜란 때 잠시 중단되긴 했지만 조선 시대 내내 일본과의 통상은 부산의 왜관을 중심으로 이뤄졌어. 부산항 하나만 있어도 두 나라가 통상하는 데 아무 문제가 없었어. 그런데도 일본은 부산 이외에 원산과 인천의 개항을 요구했어. 왜 그랬을까? 원산은 러시아를 견제하고 북방으로 진출하려는 군사적 목적이고 인천은 한성에서 가까운 곳이기에 조선을 보다 쉽게 지배하려는 정치적 목적으로 필요했던 거야.

제7조에서 해안 측량을 요구한 것도 마찬가지야. 조선의 지형과 수심 등의 정보를 알면 군사 침략은 물론 경제 침탈도 손쉽거든.

이 밖에 '일본 사람이 조선에서 죄를 지으면 일본법에 따라 일본 관리가 심판한다.'는 조항처럼 모두 조선에 불리한 내용뿐이었어.

왜관 조선 시대에 일본인들이 조선에 와서 외교 활동이나 무역을 하던 장소이자 그들이 머물던 숙소.

이때 조약 협상에 나선 조선 대표는 무관인 신헌이었어. 신헌은 일본의 강압적인 태도에도 무장의 자존심을 지키며 협상했어. 첫 번째 회담은 두 나라의 의견 차이를 좁히지 못하고 깨졌어. 이어 두 번째 협상도 합의에 이르지 못했어. 회담은 15일 넘게 이어졌어.

회담이 길어지자 어찌할 수 없다고 생각한 고종은 어명을 내렸어.

"조약을 맺으라."

이렇게 맺은 조약이 '**조일수호조규**'야. 강화도에서 맺었기 때문에 '**강화도 조약**'이라고도 불러.

강화도 조약은 조선이 외국과 맺은 최초의 근대적 조약이야. 하지만 조선 침략의 발톱을 숨긴 일본에 의해 강제로 맺은 조약이며 일본에게만 유리한 불평등 조약이지.

아무런 준비도, 대책도 없이 불평등한 조약을 맺게 된 조선의 앞날은 이제 어떻게 되는 걸까?

책략인가 계략인가

강화도 조약을 맺은 뒤, 신현은 한달음에 궁궐로 달려와 조약을 체결하는 동안 자신이 보고 느낀 것을 고종에게 전했어. 일본 대표에게 들은 이야기도 낱낱이 보고했어.

"일본의 무기는 모두 서양의 기술로 만들어졌습니다. 우리의 총과 대포로는 이길 수가 없습니다. 그뿐이 아니옵니다. 서양 문물을 부지런히 받아들여 일본 곳곳에 개화된 문물이 넘쳐 난다고 하옵니다."

"이제 우리가 어찌하면 좋겠느냐?"

"병사를 늘리고 군대를 강화하여 외세의 침략에 대비해야 하옵니다. 사절단을 보내어 일본을 두루 살피는 것도 필요하옵니다."

마침 일본도 강화도 조약을 계기로 조선의 외교 사절단을 초대하겠다고 나선 상황이었어. 고종은 예조(예의, 음악, 제사, 연회, 외교, 교육, 과거에 대한 업무를 보던 관청)의 관리였던 김기수를 대표로 일본에 사절단을 보냈어. 사절단의 이름은 수신사였어. '수신'은 받는다는 뜻이야. 예전에는 일본에 보내는 사절단의 이름을 '전달한다'는 뜻에서 통신사라고 불렀어. 그런데 이제는 수신사라고 부르게 되었으니 조선과 일본의 입장이 뒤바뀐 셈이지.

수신사는 일본의 군사 시설, 소방 시설, 박물관 등 근대화된 시설을 두루 살펴보고 귀국했어. 고종이 김기수에게 물었어.

"저들이 전기와 화륜선(증기선)을 사용한다는데 사실이던가?"

"사실입니다. 저들은 또한 여러 가지 기계를 사용합니다. 모두 서양에서 배웠다고 합니다. 만드는 기술도 상당히 정교합니다. 일본 사람들은 서양 문물 배우기를 부지런히 합니다. 관리들은 나라를 부강하게 만들고자 힘씁니다."

고종은 김기수의 이야기에 귀 기울였어. 눈은 빛났고 가끔씩 고개를 끄덕이며 "오호, 그런가!" 하고 감탄했어. 개화에 대한 고종의 의지가 엿보였어.

1880년, 고종은 김홍집을 대표로 하는 두 번째 수신사를 일본에 보냈어. 이때 김홍집은 이토 히로부미 등 일본 관리를 두루 만났어. 또 황준헌 같은 청나라 외교관도 만났어. 황준헌은 김홍집에게 자신이 쓴 『조선책략』을 선물하며 많은 이야기를 들려주었어.

조선책략의 주요 내용은 이랬어.

조선이 주목해야 할 나라는 러시아다.
러시아를 막으려면 중국과 친하게 지내야 한다.
일본과 단결해야 하고 미국과 연합해야 한다.
미국은 조선을 이롭게 할 나라이다.
하루빨리 조미수호통상조약을 맺기를 권한다.
나아가 영국, 프랑스, 독일, 이탈리아 등과도
조약을 체결하고 문호를 개방해야 한다.

조선책략의 내용이 알려지자 조정 대신들이 술렁거렸어.

"조선에 알맞은 책략입니다. 조선책략에 기록된 내용대로 유럽의 여러 나라와 하루빨리 수교를 맺어야 합니다."

"서양 것은 사악하니 배척하자는 사람들이 아직 많습니다만, 이는 우물 안 개구리 같은 생각입니다. 좁은 생각에서 벗어나 세계를 보아야 할 때입니다."

고종의 생각도 다르지 않았어. 제목 그대로 조선에 맞는 책략이 담겼다고 생각했어. 하지만 전국의 유생들은 생각이 달랐어. 그들은 조선책략의 내용이 위험하다고 여겼어.

"조선책략이 아니라 조선계략입니다. 조선을 망치겠다는 속셈으로 가득한 책입니다."

"더 위험한 것은 주상 전하와 조정 대신들이 그에 따르려 한다는 것입니다. 이러다 나라 망합니다. 가만히 두고 보시겠습니까?"

전국에서 유생들이 들고 일어났어. 고종에게 올리는 상소가 빗발쳤어.

> 서양 문물은 사악하옵니다. 접하면 마음이 바뀌어 본성을 잃게 되니 이는 마치 전염병과 같습니다. 그런 것을 받아들이면 나라가 위험하옵니다.

강원도 유생 홍재학의 상소였어. 경상도 유생 이만손도 상소를 올렸어. 이것을 시작으로 경상도 유생 1만여 명이 집단으로 상소를 올렸어. 1만 명의 사람이 올린 상소를 만인소라고 해.

만인소 1만 명 내외의 유생들이 국왕에게 올린 집단 상소. 조선 시대에 올라갔던 만인소는 지금도 안동에 있는 한국국학진흥원 유교문화박물관에 보존되어 있다. 유네스코 아시아 태평양 기록 유산에 등록된 귀중한 문화재이다.

유생들의 주장은 이랬어.

> 일본은 간교하옵니다. 간교한 그들과 관계를 맺는 것은 위험합니다. 미국을 끌어들인다면 그들의 꼬임에 말려 나라가 어려워집니다. 러시아를 자극하면 도리어 그들의 침략을 부를 것이옵니다.

하지만 모든 유생들이 조선책략의 내용을 비판한 것은 아니었어. 일부 유생들은 조선책략의 내용이 그르지 않으니 현실을 바라보고 나라의 이익을 챙겨야 한다고 주장했어. 대표적인 사람이 황해도 출신의 유생 곽기락이었어.

> 서양의 기계와 기술이 나라를 이롭게 하고 백성에게 도움이 된다면 선택하여 받아들이면 됩니다. 서양 문물이라고 무조건 배척하는 것은 어리석은 일입니다.

곽기락은 동양의 윤리와 가치관을 그대로 지키면서 발달한 서양의 기술을 받아들이자고 했어. 동양의 도를 지키면서 서양 기술을 받아들이자는 이른바 '**동도서기론**'을 주장한 거지.

젊은 정치인 김옥균의 생각도 크게 다르지 않았어. 이때까지만 해도 김옥균은 갑작스러운 개화 정책을 펼치기보다는 당장 필요한 사업을 한두 가지 실천하며 점진적인 개화를 해야 한다고 주장했어. 갑작스러운 개화 정책으로 사회의 혼란이 생길까 걱정했던 거야.

군인들의 반란

 빗발치는 유생들의 상소에도 고종의 마음은 흔들리지 않았어. 수신사를 통해 세계가 어떻게 돌아가는지 알게 되었기 때문이지. 고종은 서양 여러 나라와 외교·통상 업무를 맡을 새 관청을 만들었어. 바로 '**통리기무아문**'이야. 통합하여 일을 맡아 본다는 뜻에서 통리, 나라의 중요한 일이라는 뜻의 기무, 그리고 관청을 뜻하는 아문을 더하여 지은 이름이야.

 1881년 고종은 청나라에 영선사라는 사절단을 보냈어. 순천부사 김윤식을 중심으로 수행원 30명과 젊은 기술 유학생 38명으로 이뤄진 사절단이었어. 유학생은 청나라의 선진 기술을 배울 학생들이었지.

 청나라에 도착한 김윤식은 청의 실력자 리훙장을 일곱 차례나 만났어. 청나라의 개화 정책을 자세히 알기 위해서였지. 당시 청나라는 아편 전쟁에서 영국에게 패한 직후였어. 자신들이 세계의 중심이라고 여기던 청나라 관리들은 충격에 빠졌어. 이래서는 안 되겠다고 생각한 그들은 서양의 과학 기술을 받아들이고 나라를 발전시키자는 근대화 운동을 벌였어. 이것을 **양무운동**이라고 해. 양무란 서양 문물을 힘써 배우자는 뜻이야.

청나라 사람들은 양무운동을 벌이면서도 수천 년 지켜 온 유교 정신만은 잊지 말자고 다짐했어. 서양의 과학 기술을 받아들이고 열심히 배우되, 유교 문화를 바탕으로 부국강병을 이뤄야 한다고 생각한 거지. 그런데 이거 어디서 들어 본 것 같지 않아? 맞아, 곽기락이 주장한 동도서기론과 같아. 그러기에 김윤식은 거부감 없이 중국의 개화 정책을 받아들이고 이해할 수 있었어.

한편 김윤식과 함께 청나라에 간 38명의 유학생들은 저마다 특기와 재능에 맞춰 탄약 제조, 전기, 화학, 금속 제련, 기계 등을 공부했어. 이들이 습득한 기술이 훗날 우리나라 최초의 신식 무기 공장인 기기창을 설립한 바탕이 되었어.

고종은 청나라의 개화 정책과 신기술을 배우는 것에 그치지 않았어. 조선의 낡은 제도도 손보기로 했어. 가장 먼저 손댄 것이 군사 제도였어. 고종은 다섯으로 나눠져 있던 군영을 둘로 합쳤어. 그리고 각 군영에서 뛰어난 군사를 뽑아 근대식 훈련을 시키고 신식 무기를 갖춘 군대를 만들기로 했어.

고종이 신식 군대를 만든다는 소문이 돌자 일본 공사 하나부사 요시모토가 통리기무아문의 군사 업무 책임자였던 민겸호를 찾아왔어.

"신식 군대에는 신식 무기가 있어야 하지 않겠습니까? 우리가 무기를 제공하겠습니다."

"그런 정보는 어디서 들었단 말입니까?"

"조선을 돕고자 하는 마음이 크니 모든 것을 다 알게 되나 봅니다. 신식 군대라 하면 성능 좋은 일본의 무기로 무장하는 게 좋을 겁니다."

"일본의 신식 무기라?"

민겸호가 관심을 보이자 하나부사 요시모토가 쐐기를 박듯이 말했어.

"신식 소총을 부대원 모두에게 지급하겠습니다. 또한 뛰어난 교관을 보내 군대를 훈련시켜 드리겠습니다."

솔깃한 제안이었어. 민겸호는 이를 고종에게 보고했어.

뒤늦게 이 사실을 안 청나라 관리가 헐레벌떡 궁으로 달려왔어.

"우리 청나라가 무기를 대겠소. 아니, 그보다 더한 것이어도 좋소. 뭐든 다 지원하겠소."

청나라는 조선에서의 영향력을 일본에게 빼앗길까 싶어 안달이

났어. 그러나 고종의 마음은 이미 일본 쪽으로 기운 뒤였어. 이렇게 하여 신식 군대인 별기군이 만들어졌어.

별기군은 특별 대우를 받았어. 초록색 군복을 입은 그들은 일본이 준 신식 소총으로 무장하고 일본 장교의 구령에 맞춰 훈련했어. 그뿐이 아니야. 월급도 구식 군인들보다 많이 받았어. 게다가 단 하루도 월급이 밀리지 않았어. 하지만 구식 군인들은 1년치 월급을 받지 못하고 있었어.

구식 군인들의 불만이 터져 나오기 시작했어. 분위기가 점점 험악해졌어. 급기야 군인들의 급료 지급을 담당하는 관청인 선혜청으로 몰려가자는 얘기까지 나왔어.

선혜청 창고지기가 민겸호에게 아뢰었어.

"구식 군인들 불만이 이만저만이 아닙니다. 이러다 정말 큰일 나겠습니다."

"그렇다면 급한 대로 한 달치 월급이라도 내주거라."

창고지기는 군인들 한 달치 월급에 해당하는 곡식을 내주었어. 급한 불을 끄자는 생각이었는데 이것이 오히려 화를 키웠어. 받은 곡식의 양이 평소보다 적은 데다 양을 늘리기 위해 겨와 모래를 섞어 도저히 먹을 수가 없었던 거야.

"아니, 이런 것을 주다니!"

"더 이상 참을 수가 없네 그려!"

분노한 구식 군인 김춘영과 유복만은 선혜청으로 달려갔어. 그러고는 창고지기를 흠씬 두들겨 팼어. 소식을 전해 들은 민겸호는 김춘영과 유복만을 붙잡아 감옥에 가두었어. 그 바람에 구식 군인들의 분노가 폭발했어. 그들은 민겸호의 집으로 쳐들어가 가재도구를 부수며 난동을 부렸어.

"민겸호 대감의 집을 부수었으니 우리는 이제 죽은 목숨이오!"

"이래 죽으나 저래 죽으나 마찬가지요. 이참에 나라를 좀먹는 민씨 척족을 모두 몰아냅시다."

구식 군인들은 흥선대원군을 찾아갔어. 명성황후 민씨에게 떠밀려 뒤로 나앉은 신세였지만 한때 조선을 쥐락펴락하며 호령하던 사람이었어. 구식 군인들은 흥선대원군이 자신들을 도와줄 것이라고 믿었어. 그 역시 민씨 척족이라면 이를 갈고 있을 테니까 말이지.

한편 흥선대원군도 이런 생각을 했어.

'잘하면 이 기회에 빼앗긴 권력을 되찾을 수 있겠구나!'

흥선대원군은 군인들을 달래며 뒤로는 심복인 허욱을 보내어 이렇게 부추겼어.

"이 모든 게 부정부패를 일삼는 명성황후 민씨와 그 척족, 그리고 일본 때문입니다."

"맞습니다! 그들을 몰아내야 합니다."

구식 군인들은 마침내 별기군 병영으로 쳐들어갔어. 별기군 병영은 순식간에 쑥대밭이 되었고 별기군을 훈련시키던 일본군 장교는 죽임을 당했어. 흥분한 구식 군인들은 일본 공사관으로 몰려갔어. 일본 공사 하나부사 요시모토는 간신히 인천으로 몸을 피한 뒤 일본으로 돌아갔어.

구식 군인들은 이번엔 명성황후 민씨와 민씨 척족을 몰아내기 위해 궁궐로 쳐들어갔어. 이때 민겸호를 비롯한 선혜청 대신들과 내관들이 죽임을 당했어. 군인들의 난이 걷잡을 수 없이 커지자, 명성

황후 민씨는 궁녀로 변장한 채 궐 밖으로 도망쳤어. 고종 역시 사태가 돌이킬 수 없는 지경에 이르렀다 생각하며 탄식했어.

 "이제 이 일을 어쩐단 말이냐?"

 대신들이 아뢰었어.

 "저들이 흥선대원군의 말은 들을 겁니다. 흥선대원군을 불러들이시지요."

 고종은 흥선대원군을 궁궐로 불렀어. 모든 권한을 줄 테니 군인

들의 난을 해결해 달라고 부탁했어. 고종의 승인으로 흥선대원군은 다시 권력을 잡았어. 흥선대원군은 성난 구식 군인들을 달래어 난을 수습했어.

이것이 1882년 임오년에 일어난 구식 군인들의 난, '임오군란'이야. 임오군란으로 조선의 권력은 위정척사파의 대표 인물인 흥선대원군에게 넘어갔어. 한때 쇄국 정책으로 조선을 다스렸던 흥선대원군의 화려한 재집권이었지.

쇄국 다른 나라와의 통상과 교역을 금지함.

황후의 귀환

흥선대원군은 임오군란의 불씨가 된 별기군을 해체했어. 군사 제도도 예전으로 되돌렸어. 고종이 개화 정책을 추진하면서 설치한 통리기무아문도 폐지했어. 권력을 되찾은 흥선대원군은 거칠 게 없었어. 눈엣가시였던 명성황후 민씨는 물론 민씨 척족 세력도 모두 몰아냈어. 그런데 일부 군인들은 명성황후 민씨를 처단해야 한다면서 해산하지 않았어. 흥선대원군은 성난 군인들을 달래기 위해 명성황후 민씨가 군란 때 죽었노라 발표했어. 그러고는 명성황후의 장례를 치르라고 명했어.

이 무렵 명성황후 민씨는 경기도 광주로 달아난 뒤, 여주를 거쳐 충주로 몸을 피했어. 충주 목사 민응식의 집에 숨은 명성황후 민씨는 이 사태를 어떻게 해결하나 궁리했어.

일본 쪽도 사정이 긴박하게 흘러갔어. 사실 임오군란으로 가장 큰 피해를 입은 곳은 일본이었거든. 일본 공사관이 불에 탔고 별기군을 지도하던 일본 훈련 교관이 목숨을 잃었어. 구식 군인들의 공격으로 죽은 일본인도 열 명이 넘었어. 그냥 넘어갈 일본이 아니었지. 일본은 군함 4척과 수송선 1척, 그리고 수백 명에 이르는 병력을 조선에 파병했어. 그들은 제물포에 진을 치고는 임오군란 때 입은 피해를 보상받겠다며 으름장을 놓았어.

- 오늘부터 20일 안에 난을 일으킨 폭도를 잡아들이고 중벌로 다스릴 것.
- 조선은 유족과 부상자에게 5만 원을 배상할 것.
- 일본 공사관의 경비를 위해 일본군을 주둔시키는 것을 허락할 것.
- 조선은 일본이 입은 손해와 공사관을 경비하는 군비로 50만원을 낼 것.
- 조선은 일본에 사절단을 보내 사죄할 것.

일본의 요구였어. 철저히 계산된 치밀한 요구였지. 왜 그런지 한번 살펴볼까?

난을 일으킨 주모자를 잡아다가 20일 안에 처벌하라고 했지? 이는 조선의 사법권을 완전히 무시한 요구였어. 기한을 어기면 일본이 나서겠다는 계산도 깔려 있었지.

공사관에 일본군을 둔다는 것은 합법적으로 군대를 주둔하겠다는 말이야. 사실 이때에도 일본군은 조선에 주둔했고 그 수를 야금야금 늘리고 있었어. 1905년, 을사늑약 무렵에는 일본군의 수가 무려 1만 명이 넘었어.

군비 50만 원과 유족 배상금 5만 원도 조선 입장에서는 무척 큰돈이었어. 당시 조선에서 한 해 동안 거둬들이는 세금이 기껏해야 3백만 원 정도였어. 55만 원이면 전체 세금의 1/5이나 되는 큰돈이었지. 돈의 액수도 문제였지만 당시 조선은 돈이 없었어. 명성황후 민씨와 그 척족 세력의 부정부패로 나라 곳간이 텅 비어 있었거든.

한편 영선사로 청나라에 가 있던 김윤식에게 한 통의 편지가 도착했어.

> 군인들의 난으로 중전마마가 위험합니다.
> 난을 일으킨 무리를 소탕해야 합니다. 게다가
> 일본군까지 들어와 있으니 청나라의 도움이 간절합니다.

명성황후 민씨와 그 일파가 보낸 편지였어. 편지를 본 김윤식은 리훙장을 찾아가 도움을 청했어.

리훙장의 얼굴에 설핏 웃음이 묻어났어. 조선에서의 영향력을 되찾고 일본을 감시할 수 있는 절호의 기회라고 생각한 거지. 리훙장은 곧 조선으로 군대를 파병했어.

1882년 8월, 청나라군 3천 명이 마산포(지금의 경기도 화성시 송산면 바닷가 포구)를 거쳐 한성으로 진군했어.

청나라군은 구식 군인들을 진압하고 흥선대원군이 임오군란의 주범이라며 청나라의 톈진으로 잡아갔어. 구식 군인과 백성의 지지를 받으며 재집권한 흥선대원군이었지만 이제는 청나라의 볼모 신세가 되었어.

청나라 군대를 끌어들인 명성황후 민씨와 척족 세력도 문제지만 왕의 아버지를 볼모로 잡아간 청나라도 용서할 수 없었지.

그리고 8월, 명성황후 민씨는 청나라군의 호위를 받으며 궁궐로 돌아왔어. 두 달 만의 귀환이었지. 정권의 주요한 자리는 다시 민씨 척족과 김윤식, 어윤중, 김홍집 등 온건 개화파이자 청나라와 친한 인물들로 채워졌어.

청나라는 청나라 외교관이었던 마젠창과 독일 외교관인 묄렌도르프 등 서른 명 안팎의 외국인을 조선의 정치·외교 고문으로 파견했어. 조선의 내정과 외교에 간섭하겠다는 속셈이었지.

그리고 그해 10월, 조선은 청나라와 '조청상민수륙무역장정'이라는 긴 이름의 조약을 맺었어. 내용을 보면 조선을 청나라의 속방(속국)이라고 명시했어. 이뿐만이 아니야.

1조,
북양대신과 조선 국왕은 서로 통지하고 즉시 소환한다.

2조,
조선인이 청나라에서 죄를 지었을 때는 청나라 법으로 처벌한다.
청나라인이 조선에서 죄를 지었을 때도 청나라 법으로 처벌한다.

1조는 조선의 왕을 청나라의 일개 관리로 낮춘 조항이야. 2조는 노골적으로 청나라의 치외 법권을 주장한 조항이지. 이밖에도 청나라 상인은 조선 어디에서나 자유롭게 장사할 수 있다는 등 조선에 불리한 조항뿐이었어.

이 무렵 고종은 박영효, 김옥균, 서광범, 유혁로, 민영익 등을 일본에 보냈어. 임오군란 배상 조건에 들어 있던 '사절단을 보내어 사죄하라'는 조항 때문이었지. 박영효는 이때 배 위에서 태극기를 만들어 조선을 상징하는 깃발로 사용했어. 이들 사절단은 석 달 동안 일본에 머물면서 개화 정책에 대한 여러 사람들의 이야기를 들었어.

치외 법권 외국인이 머물고 있는 국가의 국내법이 아닌 자기 국가의 법을 적용받는 특권. 청나라와의 조약으로 청나라 사람이 조선에서 죄를 저질러도 조선 법으로 처벌할 수 없게 되었다.

"개화 정책이 성공하려면 첫째, 군주가 깨어 있어야 합니다. 군주가 깨어 있지 않으면 개화 정책을 추진하기 어렵습니다. 추진한다 해도 성공하기 어렵습니다."

그런 점에서 고종은 개화를 이루려는 뜻이 누구보다 강했어. 다만 청나라와 민씨 척족의 눈치를 보느라 우물쭈물하는 게 문제였지.

"둘째, 개화를 추진하는 사람들의 정치적인 기반이 필요합니다. 정권을 잡지 못하면 적극적인 개화 정책을 펼치기 어렵습니다."

맞는 말이야. 정권을 잡아야 정책을 추진할 수 있고 뜻하는 정치를 이룰 수 있으니까. 박영효, 김옥균 등은 고개를 끄덕였어. 그리고 서로 뜻을 모았어.

"정권을 잡아야만 우리가 이루고자 하는 개화 정책을 추진할 수 있습니다."

"하지만 전하(고종)께서도 청나라를 등에 업은 중전마마와 척족들의 눈치를 보고 계시지 않습니까? 쉽지 않은 일입니다."

"쉽지 않으나 불가능하지도 않습니다. 뜻을 같이할 사람들을 모아 봅시다."

이들은 서로 손을 굳게 잡았어. 위태로운 조선을 위해 무엇을 해야 할지 분명히 알았다는 듯 말이지.

정변의 서막

　일본에 다녀온 박영효는 <mark>한성부판윤</mark>이 되었어. 박영효는 일본의 도시처럼 한성을 근대적인 도시로 만들고 싶었어. 그래서 한성부에 치도국과 순경국을 설치하고 행정 업무와 치안 업무를 담당하도록 했어. 도로도 정비했어. 함부로 들어선 무허가 건물을 헐고 도로를 넓혔어. 그리고 일본에서 인력거를 들여왔어.

　"우리는 왜 매양 흰 옷만 입습니까. 양복과 색깔 있는 옷도 즐겨 입읍시다."

　의복 개혁 운동도 벌였어. 또 신문을 발행하기 위해서 애썼어.

　"일본에 갔더니 신문이라는 것이 있었습니다. 우리도 신문을 발

한성부판윤 조선 시대에 수도인 한성의 행정, 사법, 치안을 담당하던 최고 책임자.

행하여 서양의 발전된 모습과 개화 정책을 널리 알립시다. 사람들이 개화 정책을 알게 되면 이를 추진하는 데 도움이 될 겁니다."

하지만 박영효의 정책들은 민씨 척족과 온건 개화파의 반대에 부딪혔어. 특히, 도로 정비 사업을 두고 말이 많았어. 무허가 건물이라지만 마구 헐어 내니 민심이 사나워졌고 민씨 척족은 이를 반대의 빌미로 삼았어. 박영효는 답답하다는 듯 하소연했어.

"도로 정비를 위해 가건물을 헌 것입니다. 가건물 가진 사람의 의견만 듣고 안 된다고 하니 반대를 위한 선동이 아니고 무엇입니까?"

"정치는 백성을 위한 것입니다. 백성의 불만을 키우는 정치라면 당장 중단되어야지요!"

결국 박영효는 한성부판윤 자리에서 물러났어. 그 바람에 의욕적으로 진행하던 신문 발행도 중단되었어. 나라 재정이 어려운 이유도 있었지. 극심한 부정부패와 일본 등에 대한 잇따른 배상으로 나라 재정이 거의 바닥난 상태였거든.

독일 외교관인 묄렌도르프가 고종에게 건의했어.

"나라에 돈이 없으면 돈을 더 만들면 됩니다."

그 소리에 김옥균은 펄쩍 뛰었어.

"흥선대원군이 경복궁을 중건할 때 당백전을 만들었습니다. 그 바람에 물가가 오르고 난리가 났습니다. 돈을 더 만들다니요? 당백

| 당백전　　　　　　　　　ⓒ국립중앙박물관

전의 잘못을 또다시 저지르지 마옵소서."

사실이었어. 흥선대원군은 임진왜란 때 불탄 경복궁을 다시 짓기 위해 당백전을 발행했어. 그런데 그 바람에 물가가 오르고 화폐 가치가 떨어지는 등 혼란이 빚어졌어. 결국 2년 만에 당백전 사용이 중단되었는데, 사람들은 당백전을 '땅전'이라고 낮추어 불렀어. 요즘에도 '땡전 한 닢 없다'라는 말을 쓰곤 하는데, 여기의 '땡전'이 바로 '땅전'에서 나온 말이야. 푼돈도 안 되는 당백전 한 닢조차 없다는 말로 당시 당백전이 그만큼 가치 없는 돈이었다는 것을 의미해.

김옥균의 반대에도 묄렌도르프는 새 돈인 '당오전'의 발행을 고집했어. 민씨 척족도 이에 찬성했지. 김옥균은 다시 말했어.

"돈을 만들기보다 일본에서 나라 빚(차관)을 얻는 게 낫습니다."

묄렌도르프도 물러서지 않았어.

"그거야말로 더 어리석은 짓입니다. 돈을 빌리면 언젠가는 갚아야 하지 않습니까? 이자는 또 어찌시려고요?"

묄렌도르프와 김옥균은 서로의 주장을 굽히지 않았어. 심지어 고

종 앞에서 다투기까지 했어.

고종은 묄렌도르프의 주장을 받아들여 당오전을 만들기로 했어. 그러면서 김옥균에게는 일본에 가서 차관을 빌려 오라고 명했어. 고종이 두 사람의 의견을 다 받아들인 데는 그 나름의 이유가 있어.

사실 고종은 명성황후 민씨와 척족 세력을 중심으로 한 온건 개화파와 급진 개화파의 세력 다툼을 잘 알고 있었어. 정치적으로 위태롭던 고종은 두 세력의 갈등을 적당히 이용할 필요가 있었어. 그게 왕권 유지에 도움이 된다고 생각한 거지.

이런 판단에 따라 고종은 청나라를 등에 업은 민씨 척족에게 나라 정책을 맡겼어. 또 한편으로는 일본 세력을 이용하여 청나라의 간섭을 막고자 했어. 그러려면 일본을 잘 아는 급진 개화파의 도움이 필요했어. 이런 이유로 고종은 민씨 척족의 강한 반대에도 불구하고 급진 개화파를 관리에 두루 임명했어. 고종 나름의 생존 전략이었지.

고종의 이런 태도는 온건 개화파나 급진 개화파 모두에게 불만이었어. 특히 급진 개화파의 불만이 높았어.

"전하는 무슨 일이든 주저하고 의심이 많습니다. 그저 전하 편한 것만 생각하십니다."

"마음이 약한 데다 주변에 아첨하는 무리만 가득하기 때문입니다. 자주적인 독립을 이루고 개화에 성공하려면 전하만 믿고 의지

해서는 안 됩니다."

1883년 6월, 김옥균은 차관을 얻기 위해 고종의 위임장을 가지고 일본으로 떠났어. 일본에 도착한 김옥균은 일본 정부 사람들을 여럿 만났어. 하지만 뜻을 이루지 못했어. 일본은 청나라에 휘둘리는 조선에 돈을 빌려줘 봤자 이득이 없다고 생각한 거야.

그런데 1884년 4월, 결정적인 사건이 터졌어. 청나라가 프랑스와 전쟁을 시작해 조선에 주둔한 군사 3천 명 가운데 절반을 빼내어 베트남으로 보낸 거야. 프랑스는 한때 인도의 식민지 지배권을 놓고 영국과 전쟁을 벌였어. 그러다 영국에게 패하여 인도에서 쫓겨났어. 그 뒤 프랑스는 인도차이나반도의 베트남으로 눈을 돌렸어. 당시 베트남은 조선처럼 조공을 바치며 청나라의 영향 아래 있었어. 프랑스가 베트남을 침략하자 청나라는 베트남으로 군대를 보냈어. 그런데 프랑스군은 만만한 상대가 아니었어.

고종은 기뻐하며 말했어.

"청나라가 전쟁에서 불리해지면 나머지 군사도 빼지 않겠느냐?"

"그럴 가능성이 크옵니다. 설령 군사를 빼지 않아도 전쟁에 신경을 쓰느라 간섭은 덜할 것이옵니다."

일본에 머물던 김옥균도 서둘러 귀국했어. 청나라의 군사가 줄었으니 조선에 변화가 있겠다고 생각한 거지.

귀국한 김옥균은 박영효, 홍영식 등을 만났어. 이들은 무슨 이야기를 나누었을까? 아마도 반대파를 몰아내고 정변을 일으키자는 이야기는 아니었을까? 청나라군이 절반으로 줄었고 그들의 관심이 온통 베트남으로 쏠리니 이보다 더 좋은 기회는 없다고 생각했을 거야. 더구나 미국 공사를 통해 전해 들은 소식도 나쁘지 않았어. 프랑스의 끈질긴 공격으로 청나라가 점점 위기에 몰리고 있다는 내용이었지.

"거사를 준비합시다!"

"좋습니다. 청나라로부터 벗어나 개화하여 부국강병을 이룹시다!"

이제 중요한 것은 거사를 함께할 사람과 자금을 모으고 무기를 마련하는 일이었어. 이렇게 정변의 서막이 열리고 있었어.

때는 왔다

　왕조 시대에 정변을 꾀한다는 것은 위험천만한 일이야. 실패하면 역적으로 몰리기 때문이지. 역적은 나 혼자의 죽음으로 끝나지 않아. 사돈의 팔촌까지 온 가족이 몰살당하는 끔찍한 일이야.
　그래서 뜻 맞는 사람을 모으는 일이 무엇보다 중요했어. 만에 하나 무슨 일이 생겨 죽임을 당한다고 해도 비밀을 지킬 믿을 만한 사람이어야 했어. 정변을 주도한 김옥균, 박영효 등은 다음의 기준으로 사람들을 모았어.

　　첫째, 민씨 척족의 정책에 불만이 많은 사람일 것.
　　둘째, 정변 주도 세력의 개화 정책과 자주독립에 뜻을 같이하는
　　　　 사람일 것.

셋째, 입이 무겁고 무엇보다 믿을 만한 사람일 것.

그러다 보니 평소 가까이 지내던 사람들이 모이게 되었어. 급진 개화파였던 서재필과 윤경순, 그리고 그들의 동생인 서재창, 윤계완이 힘을 보태 주었어. 급진 개화파인 신중모와 그 형제들도 나섰고 김옥균과 박영효 집안의 하인들도 참여했어. 궁궐의 내관과 궁녀, 군인들도 있었는데 이들 역시 정변 주도 세력과 가까운 사이이거나 개화 정책에 뜻이 같은 사람들이었어.

김옥균은 '충의계'를 만들었어. 주변 사람들에게 정변의 계획과 정당성을 알리고 더 많은 사람을 모으기 위한 비밀 모임이었어.

"우리는 정권을 차지하려는 사사로운 욕심으로 이 일을 벌이는 게 아닙니다. 나라를 지키고 백성을 위함입니다. 생각해 보십시오. 지금 조선을 다스리는 것은 전하입니까, 청나라와 사대주의 친청파입니까? 하여 우리는 청나라로부터 완전하게 독립하고 전하를 지키기 위해 이 일을 준비합니다. 개화하여 나라를 문명국으로 이끌기 위해 이 일을 준비하는 것입니다."

정변을 성공으로 이끌려면 고종의 생각과 움직임을 면밀히 살펴야 했어.

"전하는 주저하고 의심이 많은 분입니다. 또한 자신의 편안함을 먼저 생각하는 분입니다. 처음에는 정변에 우호적이어도 골치 아프

다 싶으면 즉시 마음이 변하실 겁니다. 그래서 전하의 일거수일투족을 소상히 알아야 합니다."

김옥균의 말에 박영효가 거들었어.

"결단력이 약하여 그러십니다. 다만 청나라를 몰아내고 독립해야 한다는 생각과 개화에 대한 의지는 남다르십니다. 우리가 전하를 보위하여 정변을 일으키면 반드시 도우실 겁니다."

김옥균은 궁궐 내관인 변수와 김태수로 하여금 고종의 동태를 살피게 했어.

변수는 1882년, 김옥균이 임오군란의 배상 사절단으로 일본에 갈 때 동행하여 신학문을 공부한 사람이야. 그런 만큼 개화에 대한 생각이 남다르고 김옥균과도 가까웠어. 김옥균은 그런 변수를 신뢰했고 변수 또한 김옥균을 형제처럼 따랐어.

김옥균은 이밖에도 궁궐에서 일하는 무수리, 궁녀들도 포섭하여 정변 세력으로 삼았어. 대표적인 사람이 고대수야. 김옥균은 명성황후 민씨가 신뢰하는 고대수를 통해 황후 주변의 동태를 살폈어.

조선군과 청나라군의 움직임도 무시할 수 없었어. 이들에 대한 정보는 군영에 속한 군인들이 전해 주었어. 오위장 양홍재를 비롯해 신중모, 이인종 등이 대표적이야.

우영사 민영익이 병사를 단속한 뒤에 위안스카이(청나라 장수로

임오군란 진압에 앞장섰고 흥선대원군을 톈진으로 잡아감)를 만났습니다. 아울러 좌영사 이조연과 전영사 한규직이 궁궐 경계를 엄히 하라 일렀습니다. 그 이유는 확인할 수 없었습니다.

청군은 잠을 잘 때에도 군복과 신발을 벗지 않습니다. 위안스카이가 군사들을 전쟁이 났을 때처럼 단속합니다. 청의 장수 우자오유는 대포를 궁의 동쪽 외곽으로 옮겼습니다.

민영익과 한규직, 이조연은 5군영의 군사를 다스리는 영사, 즉 지휘관이었어. 경계 대상 1호 인물로 이들의 움직임을 살피는 일은 정변의 성공을 위해 아주 중요했어.

급진 개화파의 가족과 집안의 하인들, 군인, 내관과 궁녀 그리고 보부상 등 약 2백여 명의 사람들이 정변을 위해 모였어. 이들을 통해 김옥균과 정변 세력은 고종과 명성황후 민씨, 그 일파와 군인들의 움직임을 낱낱이 살필 수 있었어.

그럼에도 아직도 해결되지 않은 문제가 있었어. 도성 밖에 진을 친 1천 5백 명의 청나라 군대였어. 정변을 일으켰을 때 청나라 군대가 움직인다면 2백여 명의 사람들로는 막아 낼 수가 없었어.

"일본의 도움을 받읍시다."

"일본 군대를 부르자는 말입니까?"

당시 일본은 청나라와 전쟁을 치르더라도 조선에서의 주도권을 되찾아야 한다며 떠들고 다녔어. 심지어 프랑스와 우호 조약까지 맺으면서 청나라를 자극했어. 이렇다 보니 청나라와 일본 사이에 곧 전쟁이 터질 거라는 소문까지 나돌았어. 이런 상황에서 급진 개화파는 청을 막고자 일본에 손을 내밀기로 한 거야. 일본은 거절할 이유가 없었어.
　1884년 11월 7일, 김옥균은 일본 공사관을 찾아갔어. 그리고 일

본 공사 다케조에 신이치로와 마주 앉았어. 김옥균이 먼저 말했어.

"정변을 준비 중이오. 정변 중에 청나라 군대가 움직이면 끝장이니 청나라 군대를 막아 줄 군대가 필요하오."

다케조에 신이치로는 기다렸다는 듯 대답했어.

"잘 훈련된 일본군을 보내 드리겠습니다."

며칠 뒤, 김옥균은 미국 공사관도 찾아갔어. 정변은 외교적으로도 중요한 문제였어. 정변에 대한 이해를 구하고 정변 이후의 외교 관계를 위해서라도 각국 공사를 두루 만나야 했어. 김옥균이 정변 계획을 전하자 미국 공사 푸트가 고개를 가로저었어.

"지금은 때가 아닙니다."

"조선에 주둔한 청나라의 병력이 반으로 줄었습니다. 더구나 청나라는 프랑스와 전쟁을 치르느라 조선에 신경 쓸 겨를이 없어요. 지금이 아니면 도대체 언제가 때란 말입니까?"

"저와 반대로 생각하시는군요. 청나라는 지금 베트남 전쟁에서 프랑스에 밀리고 있습니다. 곧 베트남에서의 영향력을 빼앗기게 될 겁니다. 상황이 이러니 청나라는 조선을 더더욱 놓지 않을 겁니다."

"정말 그럴까요?"

김옥균은 영국 공사관도 찾아갔어. 영국 공사의 생각도 미국 공사와 다르지 않았어.

'이거야 원!'

김옥균은 동지들을 불러 모았어.

"미국과 영국 모두 때가 아니라고 합니다. 여러분의 의견은 어떻습니까?"

"그들이야 조용한 게 좋겠지요. 하지만 일본이 군대를 보내 준다 하지 않습니까?"

동지들은 입을 모아 지금이 기회라고 말했어.

'달은 찼고, 때는 왔다!'

급진 개화파 일행은 구체적인 정변 날짜를 정하기로 뜻을 모았어.

불기둥

김옥균이 영국 공사를 만나고 온 그날, 궁궐로 들어오라는 어명이 떨어졌어. 김옥균은 가슴이 철렁했어.

'외국 공사관을 찾아다니며 정변에 대한 이야기를 나누는 이때, 전하가 찾는 까닭은 무엇일까. 혹시 정변 계획을 눈치챈 것은 아닐까.'

김옥균은 떨리는 마음을 달래며 궁궐로 향했어.

"장안에 소문이 파다하다던데 혹시 알고 있느냐."

"소문이라 하시면?"

"곧 청나라와 일본 사이에 전쟁이 일어난다는 소문 말이다. 그대가 보기에도 그러한가?"

'다행이다!'

김옥균은 안도의 숨을 내쉬었어.

김옥균이 고종에게 대답했어.

"전쟁 여부는 명확히 모르겠으나 청나라가 궁지에 몰린 것은 사실이옵니다. 소신의 생각에 일본은 궁지에 몰린 청나라를 그대로 놔두지 않을 것입니다."

"일본에게는 놓칠 수 없는 기회겠구나."

"전하, 청의 어려움은 우리 조선에게도 더없이 좋은 기회입니다."

김옥균의 말에 고종은 고개를 끄덕였어. 김옥균은 이때다 싶어 마음속 이야기를 꺼냈어.

"전하, 지금이야말로 청나라에 사대하는 친청파를 몰아내고 자주독립할 때이옵니다. 다시 개화 정책을 추진하여 나라를 발전시켜야 하지 않겠습니까? 하여 저희가……."

그러자 고종이 가까이 오라며 손짓했어. 김옥균은 정숙하면서도 잰걸음으로 고종에게 다가갔어. 고종이 김옥균에게 무어라 귀엣말을 건넸어. 무슨 말을 했는지는 기록에 남아 있지 않아. 다만 정황으로 미루어 정변을 지지한다는 말이 아니었을까.

11월 4일, 김옥균은 동지들을 불러 모았어.

"어제 전하를 뵈었습니다. 우리가 무언가를 준비하노라 말씀드렸습니다. 다행히도 전하께서 크게 반대하지 않으셨으니 정변에 대한 구체적인 계획을 정합시다."

"그럼 제 생각을 말씀드리지요. 민씨 일파의 실세이며 군영을 장악한 민영익과 한규직, 이조연에게 자객을 보냅시다. 청나라 사람인 것처럼 가장하여 보내면 누가 알겠습니까?"

"그들은 군영의 영사들입니다. 휘하에 군사들이 있을 텐데, 자객 한 명으로는 불가능합니다. 차라리 잔치를 엽시다. 그때 그들을 초청한 뒤 모두 처단합시다."

이런저런 방법이 논의되었어. 하지만 다 마땅치 않았어. 그러다 마침 며칠 뒤 열리는 우정국 연회가 떠올랐어.

"12월 4일, 우정국 연회가 열립니다. 친청파 정권의 실세들이 다 모일 테니 그날을 이용합시다."

우정국은 우편 업무를 담당하던 관청이야. 고종 21년인 1884년 4월에 청사 건물을 짓기 시작하여 10월에 완공했어. 그리고 두 달 뒤, 우정국 개설을 축하하는 연회를 열기로 했는데 이때를 기회로 삼은 거야.

정변 날짜와 장소가 정해지자 무엇을 어떻게 할지도 빠르게 정리되었어. 방법은 이랬어.

첫째, 우정국 연회에 5군영의 영사가 모두 참여하는지 확인한다.
둘째, 연회장 옆에 있는 별궁에 밤 8시 30분에서 9시 사이에 불을 지른다.

셋째, 불이 나면 영사들이 불을 끄려고 나설 것이다. 이때 영사를 모두 제거한다.

넷째, 별궁 방화 후 금호문(창덕궁 서쪽의 문)으로 이동하여 민태호, 민영복 등이 대궐로 들어갈 때를 기다려 제거한다.

12월 4일 저녁 7시, 마침내 우정국 개설 축하 연회가 시작되었어. 우정국 운영 책임을 맡은 홍영식을 비롯하여 김옥균, 박영효, 서광범 등 정변 주도 세력과 미국 공사, 영국 공사, 청나라 관리들, 묄

렌도르프 등 각 나라의 외교관이 참석했어. 민씨 척족의 실세인 민영익을 비롯하여 이조연, 한규직 등도 자리했어.

이때 급진 개화파의 평균 나이는 25세였어. 김옥균만 30대였지. 급진 개화파는 위정척사파나 온건 개화파 대신들과 달리 서구 문명과 세계정세의 흐름을 비교적 잘 이해하고 있었어. 이런 바탕에서 조선을 개혁하려고 정변을 계획했던 거지.

음식이 나오고 술잔에 포도주가 채워졌어. 참석한 이들은 술잔을 부딪치며 축하의 말을 나누었어. 분위기는 달아올랐고 저마다 얼굴에는 웃음이 피었어. 다만 김옥균, 박영효, 홍영식 등의 얼굴에는 긴장이 감돌았어. 그렇다고 눈치채는 사람은 아무도 없었어.

시간은 흘러 마침내 8시 30분이 되었어.

'이제 별궁에서 불기둥만 솟아오르면 된다.'

김옥균은 드디어 때가 되었다는 듯 박영효의 얼굴을 쳐다보았어. 박영효는 주머니에서 회중시계를 꺼내어 시간을 확인했어.

'시간이 다 되었군!'

박영효는 긴장되는지 술잔에 남은 포도주를 마저 비웠어. 또 그렇게 10분이 지났어. 그런데 바깥은 여전히 조용하기만 했어.

'8시 30분에서 9시 사이라고 했는데······.'

김옥균은 점점 초조해졌어. 박영효, 홍영식도 속이 타는지 연거푸 물을 들이켰어.

'별궁에 불이 나야 하는데 왜 이렇게 조용하지? 도대체 어떻게 된 일이지?'

김옥균은 숨이 멎는 것 같았어. 그나마 다행이라면 민영익, 이조연, 한규직 등은 아무것도 모른 채 웃고 떠들며 연회를 즐기고 있었어.

그때였어. 누군가 문 두드리는 소리가 들렸어. 김옥균이 서둘러 달려가 문을 열었어. 문 앞에 선 사람은 정변에 가담한 대원 중 하나였어. 그를 본 김옥균의 얼굴에 어두운 그림자가 드리웠어.

통명전 폭파

　대원은 주위를 한 번 살피더니 낮은 목소리로 말했어.
　"별궁에 불을 지르려다 발각되었습니다. 지금 별궁 주변에는 순라군과 포졸들이 쫙 깔렸습니다."
　"별궁 근처에 다가갈 수도 없단 말이구려."
　"그렇습니다. 이제 어찌할까요?"
　김옥균은 정신이 혼미했어.
　'어떻게 준비한 정변인데……. 별궁에 불을 지르지 못한다면 이제 무슨 수로 정변의 시작을 알린단 말인가?'
　"일을 망칠 수는 없소. 별궁 옆에 있는 초가라도 불태우시오!"
　저녁 9시, 연회가 거의 끝나고 있었어. 마지막 다과가 나올 때쯤이었어.

"불이야, 불이 났다!"

연회장 밖에서 다급한 외침이 들렸어. 별궁 옆 초가 위로 시뻘건 불길이 치솟았어. 군졸과 하인들이 불난 초가로 몰려갔어. 민영익도 황급히 연회장을 빠져나갔어. 민영익은 들락거리는 김옥균을 수상히 여기고 있었어. 그런데 불까지 나자 수상한 낌새를 눈치채고 도망친 거지.

그러나 민영익은 정변에 참여한 윤경순 등에 길이 막혔어. 그들의 칼날이 번쩍이며 빛났어. 칼에 맞은 민영익은 비틀대며 연회장 안으로 몸을 피했어. 피투성이가 된 민영익을 본 사람들은 비명을 지르며 달아났어. 그 틈에 한규직과 이조연도 모습을 감추었어.

"저들이 살아 도망갔으니 반드시 청나라군을 부를 겁니다!"

"내가 일본 공사관에 다녀오겠소!"

김옥균은 황급히 일본 공사관으로 달려갔어. 일본 공사에게 상황을 설명하고 약속한 군대를 보내 달라고 요청했어.

일본 공사관에서 군사를 준비하는 사이 김옥균은 박영효, 서재필과 함께 창덕궁으로 달려갔어. 고종을 만나기 위해서였어.

"전하, 우정국 연회에서 변란이 생겼습니다. 이곳은 위험하니 안전한 곳으로 피하셔야 합니다."

김옥균 일행이 말했어.

"안전한 곳이 어디란 말이냐?"

"경우궁(순조의 어머니인 수빈 박 씨의 사당으로 안국동 사거리에 있었음)이 좋을 듯합니다."

고종은 무언가를 알고 있는 듯 별말 없이 움직이려고 했어. 그런데 명성황후 민씨가 이것저것 캐물으며 도무지 움직이려고 하지 않았어.

"변란이 맞소?"

"그렇사옵니다, 중전마마."

"그렇다면 그 변란이 청나라에서 비롯되었소, 아니면 일본에서 비롯되었소?"

명성황후 민씨는 김옥균 일행의 말을 믿지 않았어. 김옥균은 다급한 목소리로 다시 말했어.

"지금 자세히 설명드릴 시간이 없사옵니다. 어서 몸부터 피하셔야 합니다."

급진 개화파는 왜 고종과 명성황후 민씨의 처소를 경우궁으로 옮기려 했을까?

고종과 명성황후 민씨의 안전도 중요했지만 무엇보다 왕과 왕비를 자신의 보호 아래 두기 위해서였어. 경우궁은 공간이 좁아서 적은 인원으로도 왕과 왕비를 지킬 수 있었어. 한편으로 민씨 척족과 친청파들과의 접촉을 차단하기도 쉬웠어.

명성황후 민씨가 움직일 생각을 안 하니 김옥균은 속이 탔어. 그런데 그때였어.

"콰광!"

엄청난 폭발 소리와 함께 땅이 흔들리고 건물이 요동쳤어.

"통명전 쪽에서 들린 소리이옵니다. 빨리 몸을 피하셔야 합니다."

"어이쿠! 알았네, 알았어."

명성황후 민씨는 그제야 황급히 몸을 움직였어. 밖에는 이미 가마가 기다리고 있었어.

이렇게 고종과 명성황후 민씨는 경우궁으로 자리를 옮겼고 급진 개화파였던 윤계완이 병사 50여 명을 이끌고 경우궁을 지켰어. 일본 공사관에서 파견한 일본군 2백여 명도 청나라군의 출동에 대비해 경우궁 각 대문 밖에 진을 쳤어.

그런데 통명전에서 일어난 폭발은 무엇이었을까? 이는 김옥균이 준비한 또 하나의 비밀 작전이었어.

'전하는 결단력이 부족하고 중전은 의심이 많다. 특히 우리를 믿지 않는다. 경우궁으로 처소를 옮기자고 하면 반드시 의심하여 움직이지 않으실 것이다. 그러면 어쩐다?'

이것이 김옥균의 가장 큰 고민이었어. 그래서 왕비의 침전인 대조전 옆, 통명전에 폭약을 설치해 터트리기로 했어. 문제는 이 일을 누구에게 맡기냐는 것이었어. 통명전은 누구나 쉽게 접근할 수 있는 곳이 아니었어. 더구나 명성황후 민씨 주변의 궁녀들에게 발각

될 위험도 아주 컸어. 그때 김옥균의 머리에 떠오른 사람이 바로 고대수였어.

고대수의 원래 이름은 이우석이야. 이우석은 덩치가 크고 힘이 센 여자였어. 어지간한 남자 서넛을 해치울 정도였지. 그래서 수호전에 나오는 여장부 고대수의 이름을 따 그렇게 불렀어. 조선 시대는 여성에 대한 편견과 차별이 지금보다 심한 때였어. 덩치가 크고 기운이 센 고대수는 여성으로서 그 어디에서도 환영받지 못했어. 그런 고대수를 인간적으로 대해 준 사람이 김옥균이었어. 고대수는

김옥균의 인품에 반했고 그의 개화사상에도 깊이 공감했어. 그렇게 급진 개화파의 일원이 되었던 거야.

고대수는 명성황후 민씨와 주변 사람들에 대한 정보를 급진 개화파에 전달하는 일을 도맡았어. 그런 고대수야말로 통명전 폭파 작전을 수행할 적임자였던 거지.

"정변 날이 정해졌소. 왕과 왕비의 처소를 경우궁으로 옮길 것인데 쉽지 않을 것이오. 해서 통명전 밑에 폭약을 묻었다가 터트려 주시오."

"이것이 개화로 나아가는 길입니까?"

"친청파를 몰아내고 기울어 가는 조선을 구하는 길이오, 백성을 살리는 길입니다."

"분부 따르겠습니다."

"잘못되면 목숨이 위험한 일입니다. 괜찮겠소?"

"인명은 재천이라 하였습니다."

통명전 폭파는 이렇게 이뤄졌어. 자칫 실패로 끝날 뻔했던 정변은 통명전 폭파로 새로운 국면을 맞았어. 움직이지 않겠다고 고집을 부리던 명성황후 민씨가 폭발 소리에 놀라 경우궁으로 몸을 피했으니까.

이로써 급진 개화파는 왕과 왕비를 자신들이 보호할 수 있는 곳으로 피신시켰어. 이제 계획대로 다음 일을 진행할 수 있었어.

수호전 중국 명나라 시대의 장편 소설로 108명의 영웅들이 타락한 조정에 맞서 싸우고 약한 백성들을 돕는 이야기.

새로운 내각

　우정국을 빠져나간 전영사 한규직은 고종을 뵙고자 창덕궁으로 달려갔어. 그러나 고종은 이미 경우궁으로 자리를 옮긴 뒤였어. 한규직은 다시 경우궁으로 향했어. 같은 시각, 좌영사 이조연과 후영사 윤태준 또한 경우궁으로 달려갔어.
　"전하를 뵙고자 한다. 어서 문을 열어라."
　그러나 문은 열리지 않았어. 답답해하던 이들이 몸을 돌리는 순간, 칼날이 날아들었어. 단칼에 이들의 목숨이 떨어졌어. 잠시 후 민영목(민씨 척족의 핵심 인물), 민태호(명성황후 민씨의 사돈이자 최측근), 조영하(예조판서이며 친청파 인사)가 경우궁으로 달려왔고 이들 역시 기다리고 있던 칼날에 죽임을 당했어.
　정변 이틀째인 12월 5일 아침, 정변 주도 세력은 새로운 인사를 발표했어.

영의정 이재원(고종의 사촌), 병조판서 이재완(고종의 사촌), 형조판서 윤웅렬, 예조판서 김윤식, 호조참판 김옥균, 전후영사 겸 좌포장 박영효, 좌우영사 겸 우포장 서광범……

인사 대상은 모두 23명이었어. 주목할 점은 23명 가운데 왕실 관련 인물이 무려 10명이나 되었어. 아마도 왕실 세력을 기반으로 정변을 일으켰다는 정당성을 알리기 위한 것은 아니었을까? 또 하나, 나라 재정을 맡은 호조를 비롯하여 소송과 법률을 관장하는 형조, 군영과 치안을 담당하는 기관 등 권력의 주요 자리는 모두 급진 개화파가 차지했어. 정변 이후 과감한 개혁 정치를 펼치기 위한 준비 작업이었지. 상황이 이렇게 되자 명성황후 민씨가 김옥균에게 말했어.

"변란이 진정된 것 같으니 전하와 내가 창덕궁으로 돌아가야 하지 않겠소?"

"지금은 이릅니다. 불편하시더라도 조금만 참아 주십시오."

그 무렵 내관과 궁녀들이 변란과 관련하여 웅성거리며 떠드는 소리가 들렸어. 김옥균은 이런 잡음이 내관 유재현 때문이라고 생각했어. 그는 개화파였다가 마음이 변하여 반대파로 돌아선 사람이었어.

김옥균은 유재현을 잡아다 무릎을 꿇렸어. 그러고는 유재현의 죄상을 밝히며 그 자리에 있던 대원에게 명령했어.

"이자의 목을 쳐라!

고종이 다급한 목소리로 외쳤어.

"죽이지 말라, 제발 그를 죽이지 말라!"

그러나 김옥균은 고종의 말을 듣지 않았어.

훗날 고종이 급진 개화파에 등을 돌린 것이나 자객을 보내 김옥균을 끝까지 죽이려 한 것은 어쩌면 이때 보았던 김옥균의 비정함 때문이었는지도 몰라.

그날 아침 8시, 고종의 부름을 받은 미국 공사와 영국 공사가 경우궁에 도착했어. 고종은 정변이 있었음을 알리고 도움을 청했어.

10시, 경우궁이 좁으니 창덕궁으로 돌아가자는 명성황후 민씨의 요청에 김옥균은 고종과 명성황후의 거처를 이재원의 집으로 옮겼어. 창덕궁만은 피하고 싶었던 거지. 창덕궁은 사방이 트여 있고 넓은 곳이라 자신들의 힘만으로는 경비할 수 없었기 때문이야.

명성황후 민씨도 그 점을 잘 알고 있었어. 그래서 그토록 창덕궁으로 돌아가겠다고 끈질기게 요구했던 거지.

오후 4시가 되었을까. 김옥균이 자리를 비운 사이 고종은 일본 공사를 불러들였어.

"이제 모든 일이 끝났으니 그대가 나와 중전을 창덕궁으로 보내 주시오."

"창덕궁으로 군사를 보내, 옮겨 가도 좋은지 확인하고 알려드리겠습니다."

잠시 후, 일본 공사가 고종에게 돌아와 보고했어. 창덕궁으로 옮겨도 크게 위험하지 않을 것 같다고 말이지. 김옥균은 이 소식을 듣고 불같이 화를 냈어.

"고작 2백 명의 일본군으로 그 넓은 창덕궁을 방어할 수 있다고 생각하시오? 청나라군은 1천 5백 명이나 되오!"

"베트남에서는 청나라군이 프랑스군보다 열 배 스무 배가 넘는데도 밀린다고 합니다. 병사의 수가 많다고 이기는 건 아닙니다. 우리 일본군이 창덕궁을 단단히 방어할 것이니 걱정 마십시오. 전하께도 안전하다고 이미 말씀드렸습니다."

김옥균이 반대했지만 일본 공사는 큰소리를 쳤어. 결국 고종은 오후 5시 무렵 창덕궁으로 환궁했어.

"이곳은 넓어서 경계를 엄히 해야 합니다. 전하가 계신 곳은 우리가 직접 맡읍시다. 궁궐 주위에 일본군이 배치되어 있으니 궐 밖에는 좌·우영군을 배치하여 청나라군에 대비합시다."

김옥균과 박영효 등 급진 개화파는 철통같은 궁궐 경계령을 내린 뒤 개혁 정책을 담은 정강을 만들기 시작했어. 밤을 지새우며 논의한 끝에 80여 개 조항의 정강이 만들어졌어. 지금까지 전해져 우리가 알 수 있는 것은 14개 조항이야. 중요한 몇 가지를 살펴볼까?

1. 청나라에 잡혀간 흥선대원군을 곧 돌아오게 하며, 청나라에 대한 조공을 폐지한다.(자주독립의 뜻)
2. 문벌을 없애고 능력에 따라 관리를 뽑는다.(신분제 폐지)
3. 세금 제도를 고쳐 관리의 부정을 막고 백성을 보호한다.(조세

개혁)

4. 순사를 두어 도둑을 방지한다.(근대식 경찰 제도 도입)

5. 4개 군영을 1개의 군영으로 통합한다. 영에서 장정을 뽑아 근위대를 만든다.(군사 제도 일원화)

6. 모든 재정은 호조에서 관리한다.(국가 재정 일원화)

첫 번째 조항에서 자주독립의 뜻을 가진 갑신정변의 핵심을 읽을 수 있어. 김옥균은 목소리를 높이며 흥선대원군을 귀국시키는 것이 첫 번째 조항인 이유를 설명했어.

"올바른 개혁은 청나라로부터 자주독립하는 것입니다. 흥선대원군이 비록 개화 정책에는 반대하나 국왕의 아버지요, 국부입니다. 국부가 청나라에 잡혀간 상황이니 어찌 조선을 자주독립 국가라고 할 수 있겠습니까."

이 밖에도 양반·상민·천민으로 나뉜 신분제를 폐지하고 조세 개혁, 경찰 제도 도입, 군사 제도 일원화 등의 개혁 정책을 두루 담았어.

정강은 갑신정변 3일째인 6일 오전에 발표되었어. 이로써 개혁을 위한 새로운 내각이 들어섰고 나라의 정치, 경제, 군사 정책이 근대적으로 바뀌게 되었음을 온 나라에 알리게 되었어. 일단은 정변에 성공한 셈이었지.

삼일천하

"간밤에 청나라군 2백 명이 더 들어왔다고 합니다."

"이 사실을 일본에 알립시다. 우리도 무기를 정비하고 청나라군의 공격에 대비합시다."

좌·우영군이 궁궐 밖의 경계를 맡는 사이 전·후영군은 무기를 정비했어. 무기를 보니 엉망진창이었어. 소총은 벌겋게 녹이 슬어 총알을 채우기 어려웠어. 칼도 무뎌져 무조차 베기 힘들어 보였어. 엎친 데 덮친 격이랄까, 상황이 다급한데 일본 공사관에서 다음과 같은 전갈을 보내왔어.

지금부터 일본 군대를 철수하겠소.

갑자기 철수라니! 일본을 철석같이 믿고 있던 김옥균은 기가 막혔어. 정변 전, 일본 공사 다케조에 신이치로는 김옥균에게 이렇게 호언장담했어.

"정변이 나면 우리 일본은 그대를 보호할 겁니다. 우리 일본군 2백 명만 있으면 지금의 청나라군을 모두 격퇴할 수 있습니다."

그랬던 일본인데 군대를 철수하겠다고 한 까닭은 무엇일까. 첫째, 청나라가 군사를 늘리면서까지 적극적으로 개입하자 청일 전쟁으로 번질 것을 걱정했기 때문이야. 둘째, 청나라가 조선에 영향력을 행사할 수 있는 명분을 준다고 판단했어. 따지고 보면 정변을 일으킨 김옥균 등은 반정부 세력, 즉 역적이었어. 일본이 반정부 세력을 지원하므로 어쩔 수 없이 청나라가 개입한다는 핑곗거리를 만들고 싶지 않았던 거지.

일본이 군대를 철수하려 하자 김옥균은 급히 답장을 썼어.

> 우리가 무기를 정비하고 군사를 배치할
> 동안만이라도 철수를 미뤄 주시오.

김옥균의 간절함이 통한 걸까. 다행히 일본은 군대 철수를 미루기로 했어. 점심 무렵이었어. 위안스카이가 청나라 군사 6백여 명을 이끌고 궁궐 앞에 진을 쳤어. 위안스카이는 고종을 만나러 왔노라 소리쳤어. 궁궐 문을 여느냐, 마느냐 논쟁이 있었지만 김옥균은 궁궐 문을 절대로 열 수 없다고 주장했어.

"군사를 끌고 와서 전하를 뵙고자 하는데 어찌 문을 열겠는가?"

김옥균과 급진 개화파는 끝내 문을 열지 않았어. 결국 위안스카이는 고종을 만나지 못했지. 그러는 사이 김옥균은 각 군영에 명령했어.

"서둘러 무기를 정비하고 궁궐 경계를 강화하라!"

그리고 일본군 진영에도 전갈을 보냈어. 곧 청나라군의 공격이 있을 것이니 대비하라고 말이야. 이때가 정변 3일째, 6일 오후 2~3시쯤이었어.

일본군이 김옥균의 전갈 내용을 확인하기도 전에 '콰광!' 하는 대포 소리가 울렸어. 청나라군의 공격이 시작된 거야.

청나라군 수백 명이 밀물처럼 밀려들었어. 창덕궁 경비를 맡은 일본군이 총을 쏘며 저항했어. 그러나 역부족이었어. 사방에 문이 뚫리며 청나라군이 궁궐 안으로 쏟아져 들어왔어.

김옥균은 그제야 궁궐 방어선이 이토록 쉽게 뚫린 까닭을 알게 되었어. 궁궐 밖 경계를 맡기로 한 좌·우영군이 청나라군과 함께 있었던 거야. 우정국 연회 때 잠시 달아났던 전영사 한규직과 좌영사

이조연 등이 죽기 전 좌·우영군에 이미 명령을 내렸고 그들의 명에 따라 움직였던 거지.

"조선 군사들이 왜 청나라 편을 든단 말이오!"

김옥균은 깊은 배신감과 절망감을 느꼈어.

김옥균은 다급하게 소리쳤어.

"전·후영군은 지금 무얼 한답니까?"

"소총을 정비하던 중이라 싸우지도 못한 채 다 달아났습니다."

김옥균은 비로소 깨달았어. 군인들이 자신의 편이 아니었음을.

임오군란에서 알 수 있듯 당시 대다수 군인과 백성들은 일본에 대한 반감이 아주 컸어. 그들에게 일본은 조선 경제를 갉아먹는 야비한 도적일 뿐이었어. 호시탐탐 조선 침략을 노리는 외적이었고. 그래서 일본이라면 모두들 치를 떨었어. 그런 일본과 손잡고 정변을 일으켰으니 김옥균과 정변 주도 세력이 곱게 보일 리 없었지. 아니 일본과 손잡은 역적으로 보였을지도 몰라.

다급해진 김옥균은 고종에게 재촉했어.

"전하, 여긴 위험합니다. 어서 인천으로 몸을 피하시지요."

"내가 왜 궁궐을 떠나야 하느냐? 나는 결코 이곳을 떠나지 않을 것이다. 그리 알라!"

고종은 단호하게 말했어. 아니 싸늘하기까지 했지.

김옥균은 일본 공사 다케조에 신이치로에게 부탁했어.

"전하를 억지로라도 인천까지 모셔 주시오!"

"그럴 수 없습니다. 이제 우리 군대도 철수하겠습니다."

김옥균은 뒤통수를 얻어맞은 것처럼 아찔했어. 원망 어린 눈길로 주변을 둘러보았어. 어느새 날이 저물고 있었어. 잠시 전투가 멈춘 궁궐은 처참한 주검으로 넘쳐 났어. 대부분 청나라군과 조선군이었어. 죽은 일본군은 고작 두 명뿐이었어.

날이 어둑해지자 일본군은 궁궐에서 철수하기 시작했어. 김옥균과 정변 주도 세력도 일본군을 따라 일본 공사관으로 몸을 피했어. 이때가 저녁 7시 30분. 주검 가득한 궁궐에 짙은 어둠이 내려앉았어. 갑신정변은 이렇게 3일 만에 막을 내렸어.

'3일 천하'. 너무나 허무하게 끝난 정변이었어.

갑신정변
그 뒷이야기

　갑신정변이 3일 천하로 끝난 다음 날, 수많은 백성들이 일본 공사관으로 몰려갔어. 백성들은 일본 공사관에 돌을 던지며 분풀이를 했어.
　"조선 침략을 노리는 왜놈들아, 썩 물러가라!"
　"왜놈을 등에 업고 반란을 일으킨 대역죄인 김옥균을 당장 내놓아라!"
　여기에 조선 군인들까지 합세했어. 그들은 일본 공사관에 불을 질렀어. 사방에서 불길이 치솟고 검은 연기가 공사관 하늘을 뒤덮었어. 일본 공사관 사람들은 철수하는 일본군의 호위를 받으며 인천으로 피한 뒤 배를 타고 일본으로 향했어. 그 속에 김옥균도 있었어.

이때 일본으로 망명한 급진 개화파는 김옥균을 비롯하여 박영효, 서광범, 유혁로, 변수 등이었어.

통명전을 폭파한 고대수는 어떻게 되었을까?

고대수는 군인들에게 잡혀 길거리로 끌려 나왔어. 그의 목에 대역죄인이라고 쓴 팻말이 걸렸어. 고대수가 거리로 나오자 성난 백성들이 돌팔매질을 했어. 피투성이가 된 고대수는 그렇게 거리에 쓰러져 숨을 거두었어.

고대수만 역적으로 몰린 게 아니야. 급진 개화파 세력은 모두 다 역적으로 몰려 대역죄인이 되었어. 김옥균의 아버지와 동생은 옥으로 끌려가 숨을 거두었어. 어머니와 누이는 참담함을 이기지 못한 채 스스로 목숨을 끊었지. 박영효와 홍영식의 아버지, 홍영식의 부인, 그리고 서재필의 아버지와 어머니도 스스로 목숨을 끊었어. 박영효와 홍영식의 아들은 할아버지의 손에 죽임을 당했어. 역적의 아들로 비참하게 사느니 죽는 게 났다며 손자의 목숨을 끊은 거야. 이인종의 아들과 딸처럼 노비가 된 사람도 여럿이었어.

김옥균은 이런 비극을 짐작이나 했을까? 홍종우의 총탄에 쓰러질 때 김옥균은 과연 무슨 생각을 했을까?

갑신정변이 실패한 이유는 크게 세 가지로 볼 수 있어. 첫째, 백성의 지지를 받지 못했다는 점이야. 일본의 힘을 빌림으로써 백성들의 반발을 샀지. 둘째, 일본군보다 수가 많은 청나라군의 개입으로 정변의 주도 세력은 모래성처럼 무너졌어. 그리고 셋째, 무엇보다 지나치게 일본을 의지하고 믿었어. 정변을 돕겠다던 일본이 발을 빼리라고는 생각조차 하지 않았지.

갑신정변은 비록 3일 천하로 막을 내리며 실패했지만, 이후 우리 역사에 끼친 영향은 아주 커. 생각해 보면 갑신정변은 조선을 속국으로 지배하려는 청나라의 간섭에서 벗어나 근대 국가를 이루고자 한 민족 운동이라고 할 수 있어. 다만 그 과정에서 백성들의 지지와 참여를 이끌어 내지 못하고 지배층에 의한, 위에서부터의 개혁 운동이라는 한계점이 있어. 또 조선 침략을 노리는 일본의 야욕을 제대로 살피지 못했다는 아쉬움도 있지.

갑신정변으로 이루고자 했던 개화 정책과 방향은 이후 갑오개혁 등 많은 개혁 운동의 밑바탕이 되었어. 양반 제도와 문벌을 없애고 국민 평등권을 주장한 것이나 경제와 산업을 자본주의 형태로 발전시키려 한 것, 국민들에게 근대 문화를 전하고 신교육을 실시하려 한 것, 사관 학교를 만들어 신식의 육군과 해군을 키워 자주 국방을 이루고자 한 것은 우리나라가 근대 국가로 나아가는 데 필요한 기틀을 만들고자 함이었어.

청나라의 간섭에서 벗어나 자주독립하려는 정신은 이후 민족주의 운동과 독립운동으로 계승되었어. 1896년, 스스로 힘을 길러 자주독립을 이루자는 목표로 조직한 독립협회, 국민 토론회인 만민

공동회, 그리고 1905년 '을사늑약'으로 국권을 빼앗기자 국권을 회복하기 위해 벌였던 애국 계몽 운동 등은 모두 갑신정변의 정신을 비판적으로 받아들이고 발전시킨 것들이라고 볼 수 있어.

　세계정세와 흐름에 따라 정변이라는 극단적인 방식으로라도 조선을 개혁하려 했던 김옥균은 죽은 지 16년 만인 1910년에 죄를 용서받아 명예를 회복했어. 그제야 대역죄인이라는 멍에를 벗었지. 외세의 침략 앞에 쓰러져 가는 나라를 바꾸고자 휘몰아치듯 살다간 김옥균, 그가 우리에게 오늘날 전하고 싶은 말은 무엇일까?

을사늑약 을사년인 1905년 11월 17일에 대한제국과 일본 사이에 강제로 체결된 불평등 조약. 대한제국의 동의 없이 강압적으로 체결되었기 때문에 강제로 맺은 조약이라는 뜻으로 늑약이라고 부른다. 을사늑약으로 대한제국은 일본의 식민지가 되었다.